Bruce Lees Kampfstil 2

Selbstverteidigungs-Techniken

von Bruce Lee und M. Uyehara

FALKEN VERLAG

Allen Freunden und Schülern von Bruce Lee gewidmet

Weiter lieferbar aus dieser Bruce-Lee-Serie sind:
Band 1 »Grundtechniken«
Band 3 »Trainingslehre«
Band 4 »Kampftechniken«

CIP-Kurztitelaufnahme der Deutschen Bibliothek

Lee, Bruce:
[Kampfstil]
Bruce Lees Kampfstil / von Bruce Lee u. M. Uyehara. Übers. von Hans-Jürgen Hesse. – Niedernhausen/Ts.: Falken-Verlag.
Einheitssacht.: Bruce Lee's fighting methods ‹dt.›
1 verf. von Bruce Lee.
NE: Uyehara, M.: 2. Selbstverteidigungs-Techniken / [Fotos: Joe Bodner. Mitw.: Dan Inosanto . . .]. – 1979.
(Die Falken-Bücherei)
(Budo-Bibliothek)
ISBN 3-8068-0486-9

ISBN 3 8068 0486 9

Fotos: Joe Bodner
Mitwirkung: Dan Inosanto, Ted Wong und Raymond Huang
Übersetzung: Hans-Jürgen Hesse
Gesamtherstellung: Neuwieder Verlagsgesellschaft mbH, Neuwied

817 2635 44

FALKEN BÜCHEREI

BUDO-BIBLIOTHEK

falken + ohara

Inhalt

Einführung

Das vorliegende Buch basiert im wesentlichen auf Entwürfen und Ideen aus dem Jahr 1966, und auch die meisten Fotos stammen aus dieser Zeit. Der verstorbene Bruce Lee wollte es damals veröffentlichen, nahm dann aber davon Abstand, als er erfuhr, daß viele Kampfsportlehrer seinen Namen als Werbeargument mißbrauchten. Aussprüche wie „ich war Bruce Lees Lehrer" oder „Bruce Lee hat mir Jeet Kune Do beigebracht" hörte man häufig, und dabei waren die Betreffenden Bruce Lee nicht einmal vom Sehen her bekannt.
Bruce Lee widerstrebte es, seinen Namen als Aushängeschild für beliebige Lehrer und ihre Schulen herzugeben. Auf diese Weise sollten Schüler, besonders in jugendlichem Alter, nicht an den Kampfsport herangeführt werden.
Nach seinem Tod vertrat jedoch seine Witwe Linda die Auffassung, Bruce Lees Beitrag zur Weiterentwicklung der Kampfkünste sei zu umfassend, um mit ihm zu sterben; sein Wissen nicht weiterzugeben, sei ein zu großer Verlust. Obwohl dieses Buch kein Ersatz für Bruce Lee als Lehrmeister ist und sein Wissen und seine Erkenntnisse nur bruchstückhaft wiedergeben kann, wird jeder Kampfkünstler, der die Vollendung seiner Fähigkeiten und Techniken ernst nimmt, davon profitieren.

Es war Bruce Lees Überzeugung, daß alle Kampfsportler bei ihrem Training nur das eine Ziel verfolgen – sich zu verteidigen. Das trifft gleichermaßen auf Judo, Karate, Aikido oder Kung Fu zu; es gilt, für jede mögliche Situation bereit zu sein.
Um dieses Ziel zu erreichen, ist ein ernsthaftes Üben notwendig. Nichts geschieht von allein. Bruce sagte immer: „Jeder Schlag und jeder Tritt selbst gegen einen Sandsack muß mit konzentrierter Anstrengung geführt werden. Wenn man nicht mit dem Gedanken trainiert, es sei der Ernstfall, betrügt man sich selbst. Bei der Übung von Schlägen und Tritten gegen einen Sandsack muß man sich vorstellen, der Gegner würde getroffen. Nur durch völlige Konzentration, durch hundertprozentigen Einsatz bei jedem Tritt und Stoß, wird man wahrhaft gut."
Dieses Buch erläutert Bruce Lees Kampfstil und hier insbesondere seine Selbstverteidigungstechniken. Weitere Hinweise sind in Bruce Lees Kampfstil, 1. Band „Grundlagen" und in „Jeet Kune Do", erschienen im gleichen Verlag, zu finden.

In eine Seele, die frei ist von Gedanken und Empfindungen, kann selbst ein Tiger seine grimmigen Krallen nicht hineinschlagen.

Immer wieder der gleiche Wind streicht über die Kiefern, die auf den Bergen stehen und die Eichenbäume im Tal; warum jedoch ist ihr Rauschen so anders?

Kein Denken, kein Bewußtsein, vollkommene Leere, doch etwas Bestimmtes bewegt sich darin, eigenen Gesetzen folgend.

Das Auge sieht ihn, doch keine Hand könnte ihn fassen, den im Strome sich spiegelnden Mond.

Wolken und Nebel sind Luftgebilde, doch über ihnen liegt ewiger Sonnen- und Mondenschein.

Der Sieg gehört immer dem, der sogar vor der Schlacht nicht an sich selbst denkt, sondern in der Leere des Großen Ursprungs ruht und aufgeht.

STOP

Kapitel I

Verteidigung gegen Überraschungsangriffe

Die beste Verteidigung gegen einen Überraschungsangriff ist, sich nicht „überraschen" zu lassen. Bruce Lee betonte immer, daß ein Kampfsportler seiner Umgebung stets aufmerksam gegenüberstehen sollte. Er muß so geschult sein, daß er jederzeit vorsichtig und wachsam ist und nie unversehens von einem Angriff überrascht wird.

Bei den folgenden Beispielen fällt einem sofort auf, daß Bruce Lee die meisten der Angriffe durch ständige Wachsamkeit vereitelt.

Bruce Lee versucht in seinen Beispielen Selbstverteidigungssituationen darzustellen, wie sie in der Praxis vorkommen könnten. Er vertrat immer die Auffassung, daß die beste Verteidigung darin besteht, schneller als der Angreifer zu sein.

Schneller als der Angreifer zu sein, setzt jedoch dauerndes Training voraus. Alle Techniken müssen fließend, schnell und kraftvoll ausgeführt werden.

Angriff von der Seite

Beim Spazierengehen bemerkt Bruce Lee einen Mann an der Ecke. Anstatt nahe vorbeizugehen, läßt er genügend Abstand, um sich gegen einen Angriff verteidigen zu können (1 und 2). Als der Angreifer vorstößt, kontert Bruce mit einem schnellen und kraftvollen Seitwärtstritt zum vorderen Knie (3 und 4). Der Tritt wird ganz durchgezogen, so daß der Angreifer nach hinten taumelt (5).

Zum Abschluß läßt Bruce Lee einen Gegenangriff mit mehreren Geraden und Haken zum Gesicht des Angreifers folgen, um ihn kampfunfähig zu machen.
Kommentar: Der Seitwärtstritt sollte ständig an einem schweren Sandsack (ca. 30 kg) trainiert werden, um ihn kraftvoll ausführen zu können. Es ist zu beachten, daß Bruce bei seinem Tritt den Oberkörper vom Angreifer weglehnt.

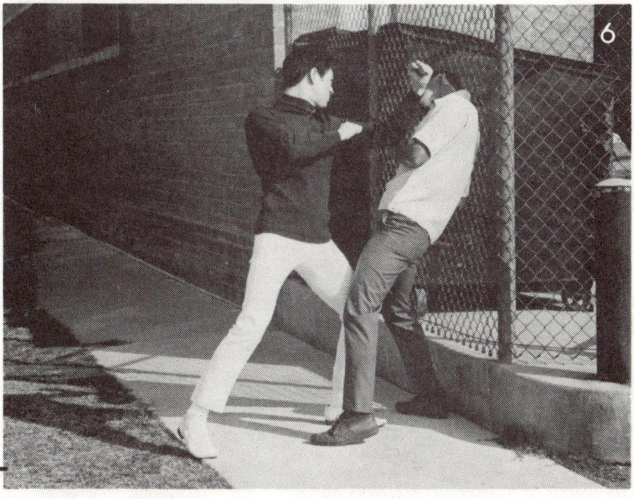

1

2

3

Angriff beim Besteigen eines Wagens

Als Bruce Lee in seinen Wagen einsteigen will, bemerkt er einen Angreifer (1). Der Angreifer versucht einen Fußtritt, aber Bruce kommt ihm zuvor, indem er mit einem Seitwärtstritt zum Knie kontert (2 und 3). Durch den Tritt wird der Angreifer zu Boden geworfen (4 und 5). Zum Abschluß läßt Bruce einen Hakenfußtritt zum Kopf folgen (6).
Kommentar: Es scheint, als hätte der Angreifer anfangs einen kleinen Vorteil. Wer jedoch Bruce

4

5

6

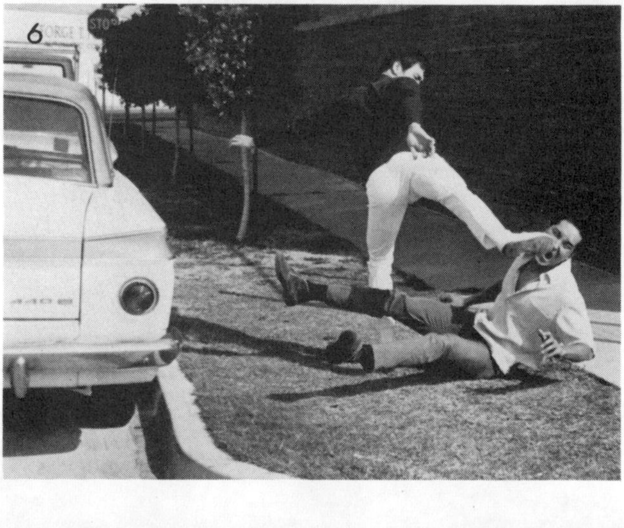

Lee einmal erlebte, weiß, wie schnell er war. Er konnte mit seinem Tritt kontern, weil er fließende und schnelle Bewegungen beherrschte. Zum Entwickeln der Schnelligkeit sollte man schnelle Tritte in die Luft oder gegen einen leichten Schlagsack ausführen. Hierbei darf nicht mit zu viel Krafteinsatz getreten werden, um sich nicht am Knie zu verletzen. Kraftvolle Fußtritte sollten nur am schweren Sandsack geübt werden.

1

2

3

4

Angriff von hinten

Der Angreifer folgt Bruce von hinten. Bruce hat ihn jedoch bereits bemerkt und tut nur so, als ob er ihn nicht sieht (1 bis 3). Bevor der Angreifer seinen Schlag anbringen kann, kontert Bruce mit einem Seitwärts- oder Rückwärtstritt zum Knie des Gegners, wodurch dieser nach hinten geworfen wird (4 bis 6). Zum Abschluß dreht sich Bruce herum und tritt zum Unterleib des Angreifers.

Kommentar: Wenn sich Bruce herumgedreht hätte, um dem Angreifer Angesicht zu Angesicht gegenüberzustehen, hätte das dem Angreifer einen zusätzlichen Vorteil bei der Vorbereitung seines Angriffs eingebracht. Indem Bruce Lee ahnungslos tut, verschafft er sich selbst diesen Vorteil.

5

6

8

1

2

3

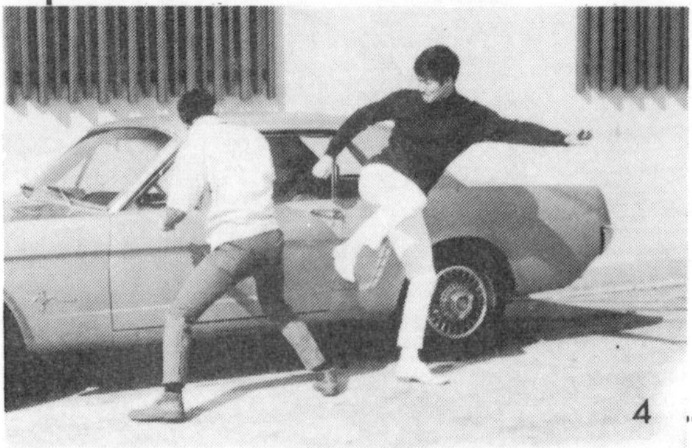

4

Angriff auf kurze Distanz

Als Bruce Lee in seinen Wagen einsteigen will, stürzt der Angreifer mit einem Tritt zur Körpermitte auf ihn zu (1 und 2). Bruce weicht darauf nach hinten aus (3). Sobald der Angreifer wieder seinen Fuß aufsetzt, führt Bruce einen Tritt in die Kniekehle des Angreifers aus (4 bis 6). Zum Schluß folgt ein Würgegriff (7 und 8).

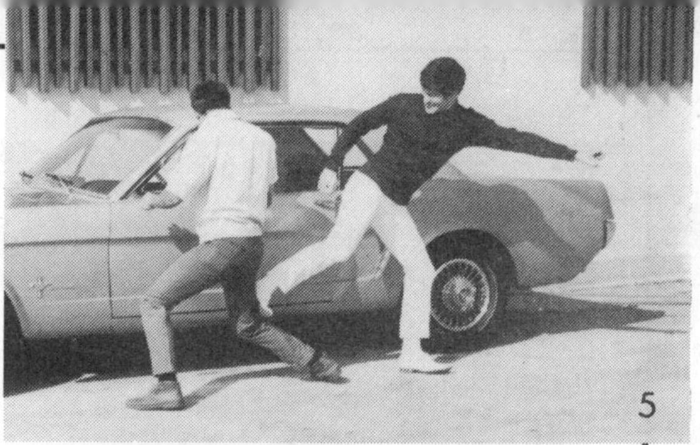
5

6

7

8

Kapitel II

Verteidigung gegen einen unbewaffneten Angreifer

In diesem Kapitel zeigt Bruce Lee, wie man den unterschiedlichsten Angriffsarten begegnet. Bruce sagte immer, daß man viel Energie verschwendet und sogar seine Kampfkraft herabsetzt, wenn man starre und vorgegebene Bewegungsabläufe (Kata) übt. Kämpfen war ihm in Fleisch und Blut übergegangen.
Einige der in diesem Kapitel gezeigten Angriffe mögen vielleicht seltsam erscheinen. Aber es gibt, wie Bruce Lee selbst sagte, „heute eine ganze Menge seltsamer und unberechenbarer Leute auf der Straße“.

1

Verteidigung gegen einen geduckten Angriff

3

Der Angreifer nähert sich Bruce Lee in einer geduckten Haltung, was eine ziemlich ungewöhnliche Angriffsweise ist (1). Bruce tritt aus einer Rechtsvorwärtsstellung einen Seitwärtstritt zum Knie des Angreifers, wodurch dieser zu Boden geht (2 bis 4). Zum Schluß zieht Bruce den Angreifer am Kragen nach hinten und macht ihn mit einem Fersenstampftritt zum Gesicht kampfunfähig (5 bis 8).

Kommentar: Bruce Lee nahm diesen Angriff in seine Selbstverteidigungsserie auf, weil manche Kampfsportschulen ihre Schüler nicht auf derartige Situationen vorbereiten. Ferner lehren manche Schulen aufzuhören, wenn der Angreifer am Boden liegt. Dagegen vertrat Bruce immer die Auffassung, daß der Angreifer einem „ans Leder will" und man sichergehen muß, ihn tatsächlich auszuschalten.

6

2

4

5

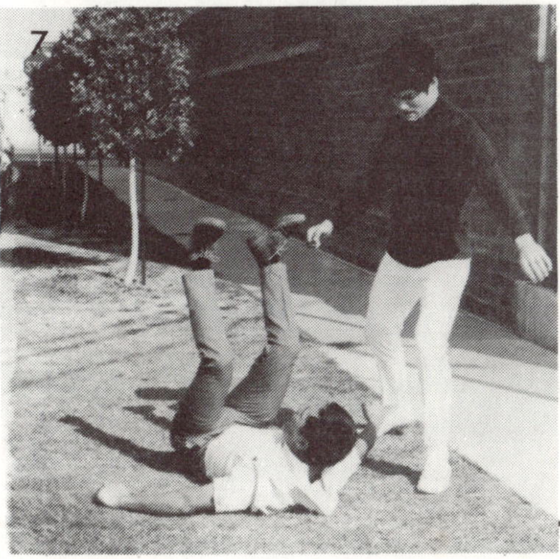
7

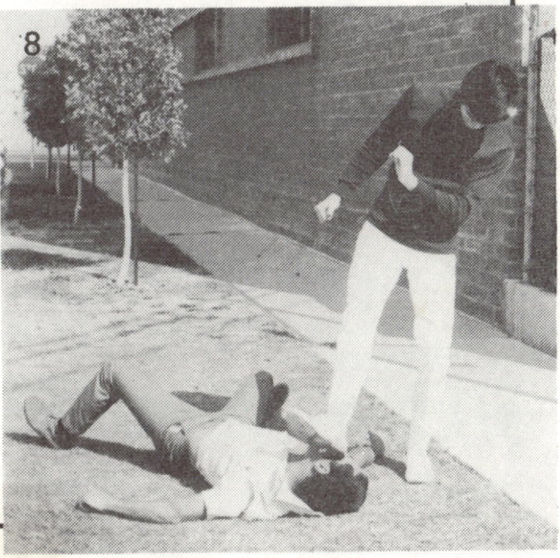
8

1

2

3

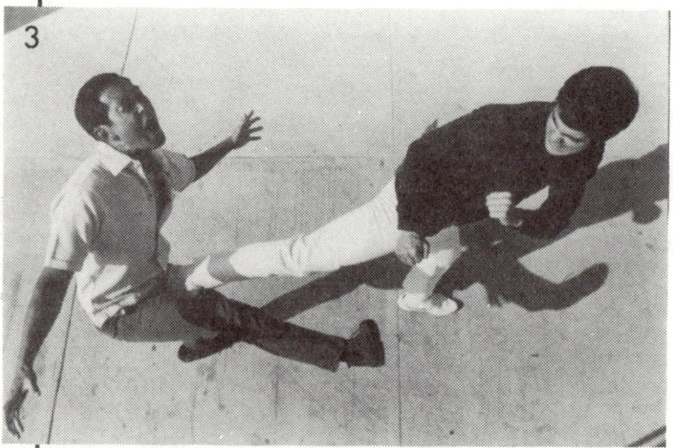

Verteidigung gegen eine hintere Gerade

Bruce Lee zeigt in dieser Bildfolge aus der Vogelperspektive, wie ein derartiger Angriff durch ein einfaches Manöver wirkungslos gemacht werden kann. Sowie der Angreifer nach vorn stößt und eine rechte Gerade schlagen will (1 und 2), kontert Bruce mit seinem vorderen Bein mit einem Seitwärtstritt zum Unterleib des Angreifers (3).
Kommentar: Viele Karate-Schulen lehren ihren Schüler, vor einem Konter erst ein- oder mehreremal abzublocken. Bruce vertrat den Standpunkt, daß ein sofortiger Konter wirkungsvoller ist, wie hier demonstriert wird. Hierzu muß man natürlich schneller sein als der Angreifer.

Verteidigung gegen einen Schwinger

Bei einem vollen Schwinger bleibt mehr Zeit zur Verteidigung, weil der Angreifer erst ausholen muß und dadurch seinen Schlag ankündigt (1). Bevor der Schlag sein Ziel erreichen kann, verlagert Bruce Lee sein Gewicht auf das hintere Bein und führt einen Seitwärtstritt zur Brust des Angreifers aus.

Verteidigung gegen einen Haken I

In dieser Bildfolge sieht man von oben, wie der Angreifer mit einem rechten Haken anzugreifen versucht. Bruce Lee blockt den Schlag seitlich am Kopf ab (1 und 2) und läßt sofort einen Fingerstich zu den Augen des Angreifers folgen (3).

Verteidigung gegen einen Haken II

Als der Angreifer einen rechten Haken schlagen will, dreht Bruce in den Hüften im Uhrzeigersinn ein und verteilt somit sein Körpergewicht gleichmäßig auf beide Beine (1 und 2). Gleichzeitig führt er einen Fingerstich zu den Augen des Angreifers aus, ohne dessen Schlag abzublokken. Die Schlaghand von Bruce und sein Stellungswechsel führen dazu, daß der Haken des Angreifers sein Ziel verfehlt (3).

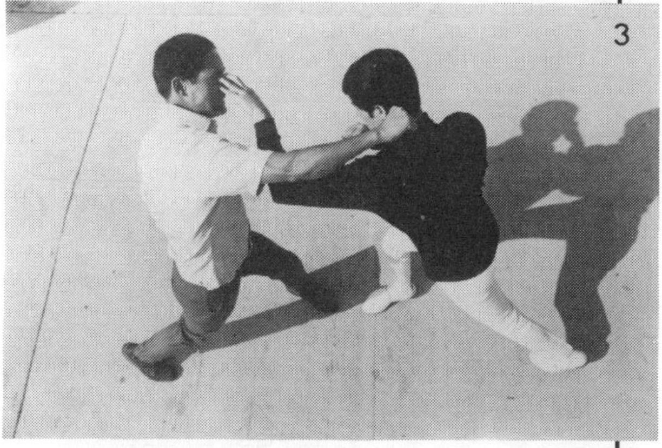

1

2

3

4

Verteidigung gegen einen Haken III

Als der Angreifer mit einem rechten Haken angreifen will, dreht Bruce Lee über die Hüfte ab, wodurch er fast sein gesamtes Gewicht über das hintere Bein bringt (1 und 2) und kontert mit einem Seitwärtstritt des vorderen Fußes zum Unterleib des Angreifers (3 und 4).
Kommentar: Bei einem halbkreisförmig geführten Schlag bleibt mehr Zeit zur Verteidigung, weil dieser Schlag weit ausgeholt und dadurch angekündigt wird; man kann mit einem Seitwärtstritt kontern, wozu man vor der Ausführung einen Schritt weg vom Angreifer macht.
Bruce Lee zeigt in dieser Serie zwei Variationen von Gegenangriffen mit Fingerstich, wobei er die zweite Variante wegen ihres wirtschaftlicheren Bewegungsablaufs bevorzugte.

Verteidigung gegen Zufassen I

Wie beim Angriff mit einem vollen Schwinger bleibt auch bei diesem Angriff mehr Zeit zur Verteidigung. Als der Angreifer Bruce Lee packen will, zieht dieser das vordere Bein zurück und führt mit ihm einen Vorwärtstritt zum Gesicht des Angreifers aus (1 bis 3).

Verteidigung gegen Zufassen II

Während der Angreifer Bruce Lee ergreifen will (1 und 2), weicht er nach hinten zurück, packt den Angreifer an der Hand und den Haaren und zieht ihn zu Boden (3 bis 5). Dann nutzt Bruce den Eigenschwung des Angreifers aus, um ihn herumzuwerfen (6 bis 8), so daß er einen Stampftritt zu dessen Gesicht ausführen kann (9).

Kommentar: Bruce Lee war immer der Meinung, daß es bei der Selbstverteidigung vor allem darauf ankommt, sich mit allen Mitteln aus einer gefährlichen Situation zu befreien. Bruce hätte bei einem Kampf normalerweise nicht in die Haare des Angreifers gegriffen. Er wollte hier nur zeigen, daß eine solche Technik auch wirksam sein kann.

1

4

7

2

3

5

6

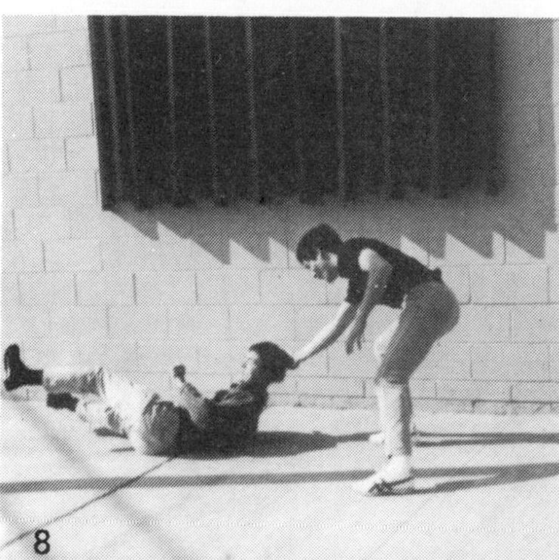
8

9

1

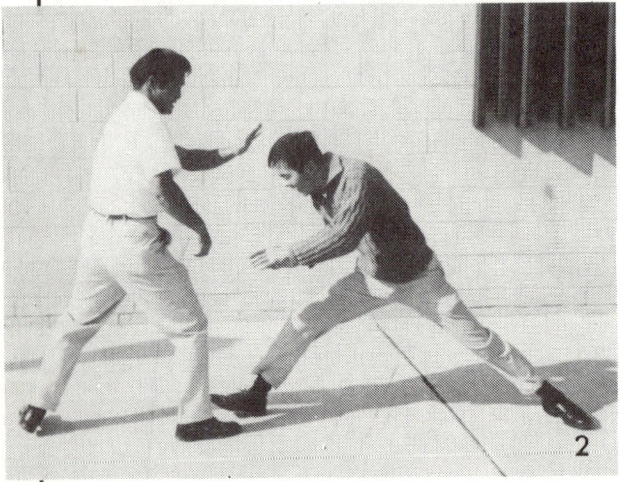

2

3

Verteidigung gegen Zufassen III

Wenn der Angreifer nach vorn kommt, setzt man das hintere Bein etwas weiter zurück, um so den Stand zu verstärken (1 und 2). Dann Hals und Kopf des Angreifers umklammern, wenn dieser nah genug ist (3 und 4). Den vorderen

4

Fuß nach hinten setzen, den Angreifer zu Boden zwingen und dabei den Würgegriff nicht lockern. Der Angreifer muß schnell zu Boden gebracht werden, damit er nicht mit einem Schlag zum Unterleib kontern kann (5 und 6).

5

6

Kapitel III

Verteidigung gegen direkten Zugriff

Wenn der Angreifer zugreifen kann, hat er zeitlich zunächst einen Vorteil. Das bedeutet jedoch nicht, daß er insgesamt im Vorteil ist, da er nicht weiß, wie der Überfallene kontert.
Wenn man auf kurze Distanz gepackt wird, verteidigt man sich am besten mit den Händen, denn für einen wirksamen Tritt steht man zu nah am Angreifer. Ein Tritt läßt sich jedoch ausführen, wenn genügend Abstand zum Angreifer besteht. Wenn der Angreifer zum Beispiel das Handgelenk packt, bleibt genügend Raum für einen Tritt zum Schienbein oder zum Knie.

Verteidigung gegen Griff zur Brust

Der Angreifer packt mit der linken Hand Bruce Lee an der Brust und versucht einen Kniestoß zum Unterleib. Bruce blockt das Knie mit der linken Hand ab (1 und 2), ergreift in einer Bewegung die linke Hand des Angreifers und führt gleichzeitig rechts einen Schlag mit dem Außenballen der Faust zum Unterleib aus (3 und 4). Dann stößt Bruce seine linke Hand zur Kehle des Angreifers und bringt ihn nach hinten zu Boden (5 bis 7). Zum Abschluß springt Bruce um und führt einen Stampftritt zum Gesicht des Gegners aus (8 und 9). *Kommentar:* Damit diese Technik wirksam beherrscht wird, muß man sie beständig üben, da hierbei viele verschiedene Bewegungen vorkommen. Man kann den Angreifer nicht zu Boden werfen (5 bis 7), wenn man nicht mit der einen Hand zur Kehle stößt, während die andere Hand als Hebel eingesetzt wird, wozu man den Ärmel des Angreifers packt.

1

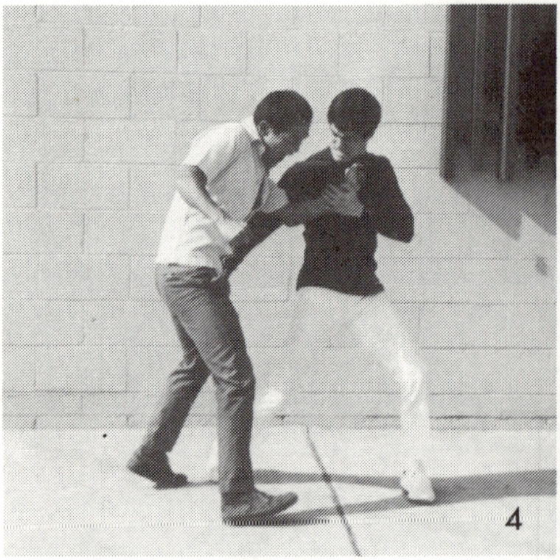
4

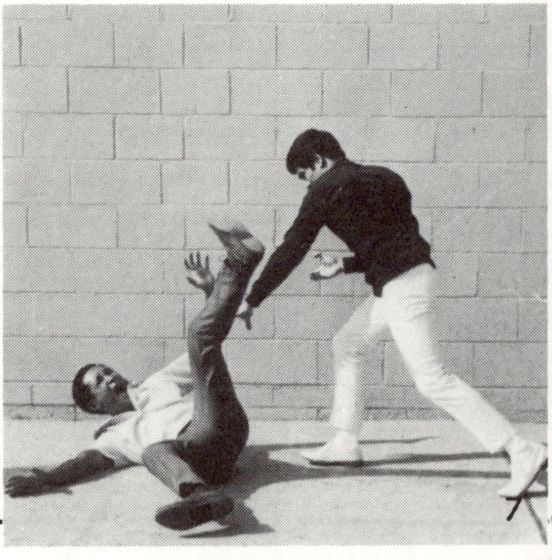
7

2

3

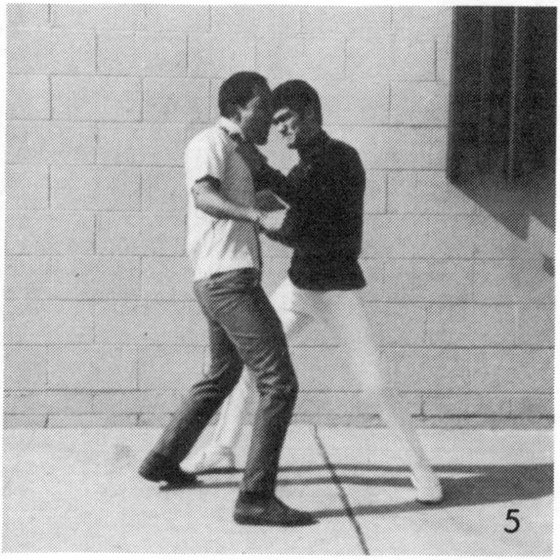
5

6

8

9

1

2

Verteidigung gegen Ergreifen des Arms I

Der Angreifer packt mit beiden Händen Bruce Lee am Arm (1). Bruce wendet sich blitzschnell zum Angreifer und tritt mit der Fußsohle zu dessen Knie (2 und 3). Zum Abschluß folgt ein Schlag zum Gesicht (4) und ein Vorwärts-

3

tritt mit dem linken Fuß zum Unterleib (5).
Kommentar: Der Tritt mit der Fußsohle ist vielleicht anfangs noch nicht stark genug. Durch beständiges Training kann man diesen Tritt jedoch kraftvoll und wirksam ausführen.

4

5

Verteidigung gegen Ergreifen des Arms II

Der Angreifer packt Bruce Lee mit beiden Händen am Arm (1). Bruce reagiert darauf ohne unnötige Bewegung mit einem Seitwärtstritt zum Knie des Angreifers (2 und 3).

Verteidigung gegen Ergreifen des Arms III

Der Angreifer faßt Bruce Lee am rechten Handgelenk (1). Bevor der Angreifer einen Schlag ausführen kann, kontert Bruce mit einem linken Cross (2).
Kommentar: Manche der Kampfsport-Lehrer bringen ihren Schülern für eine bestimmte Abwehr eines Angreifers mehrere Bewegungen bei, obwohl ein einfacher Schlag schon ausreichen würde, wie das Beispiel zeigt.

1

2

Verteidigung gegen Ergreifen des Gürtels

Der Angreifer greift Bruce Lee am Gürtel und zieht zu sich her (1). Da Bruce für einen Tritt zu nahe steht, weicht er dem Schlag des Angreifers zur Seite aus und führt gleichzeitig einen Fingerstich zu dessen Augen aus (2).

Verteidigung gegen Handgelenkhebel

Der Angreifer hält die Hand von Bruce Lee mit einem beidhändigen Handgelenkhebel (1). Bruce dreht sich blitzschnell im Uhrzeigersinn vom Angreifer weg und führt einen Ellenbogenschlag nach hinten aus (2 und 3).
Kommentar: Bruce betonte immer, daß man dem Angreifer nie den Rücken zukehren darf. Im gezeigten Fall erfolgte die Bewegung jedoch so schnell, daß man damit Erfolg hat.

1

2

3

1

2

3

Verteidigung gegen einen Nelson

Der Angreifer greift Bruce Lee von hinten an, hebelt dessen rechten Arm nach hinten und setzt einen Griff am Kopf an (1 und 2). Indem Bruce sich in Richtung seines gehebelten Armes (entgegen dem Uhrzeigersinn) dreht, bringt er

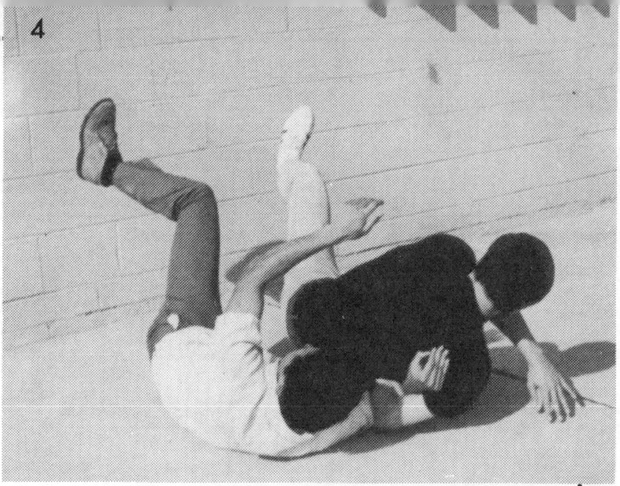

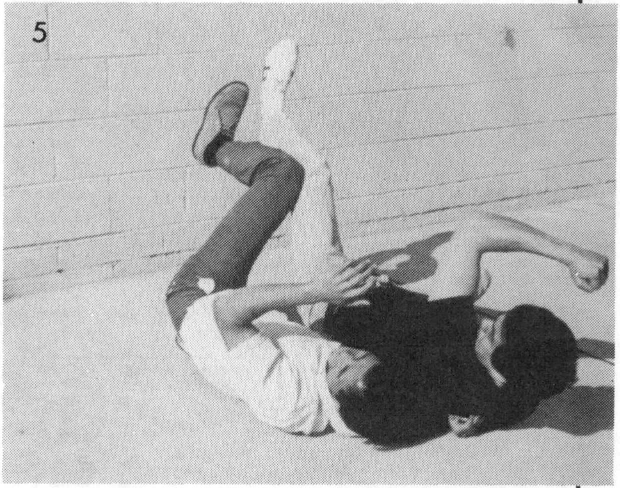

den Angreifer aus dem Gleichgewicht (3 und 4). Beim Abrollen hält er den rechten Arm des Angreifers unter seinem Körper festgeklemmt und führt zum Abschluß einen Ellenbogenschlag aus (5 und 6).

1

2

Verteidigung gegen Handgelenkhebel nach hinten

Kommentar: Wenn man wie in den Abb. 2 und 3 mit einem Hebel gegriffen wird, so muß man sofort kontern, bevor der Angreifer einen auf den Boden zwingen kann.

Der Angreifer hebelt die rechte Hand von Bruce Lee nach hinten (1 und 2). Bruce kontert darauf mit einem Seitwärtstritt zur Körpermitte (3) und einem gedrehten Rückwärtstritt mit dem anderen Fuß (4 und 5).

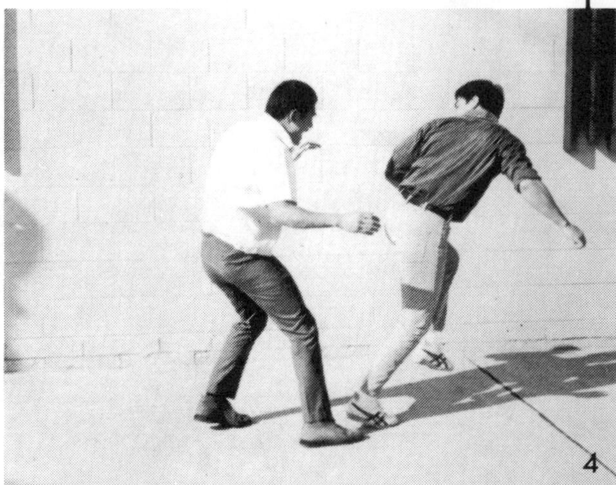

1

2

Verteidigung gegen beidhändigen Griff zur Brust I

Der Angreifer packt Bruce Lee mit beiden Händen an der Brust. Es ist zu beachten, daß Bruce mit der linken Hand seinen Unterleib schützt (1). Dann nimmt Bruce diese Hand nach oben, um den Arm des Angreifers festzuhalten, während er gleichzeitig einen rechten Cross zu dessen Gesicht schlägt (2).

Verteidigung gegen beidhändigen Griff zur Brust II

Der Angreifer packt Bruce Lee mit beiden Händen an der Brust. Es ist zu beachten, daß Bruce mit der linken Hand seinen Unterleib schützt (1). Dann nimmt Bruce diese Hand nach oben, um den Arm des Angreifers festzuhalten. Zum Abschluß läßt er einen Ellenbogenschlag zum Gesicht des Angreifers folgen (2).

Kommentar: Bei der gezeigten Abwehr ist es wichtig, die rechte Hand des Angreifers festzuhalten und anzugreifen, bevor dieser etwas unternehmen kann.

1

2

1

2

3

Verteidigung gegen Packen der Schulter von hinten

Der Angreifer packt Bruce Lee von hinten an der Schulter (1). Bruce dreht seinen Oberkörper und führt einen Rückfaustschlag zum Gesicht des Angreifers aus (2 und 3).
Kommentar: Um den Rückfaustschlag kraftvoll zu machen, muß man ein Bein etwas nach hinten setzen und zur Ausführung des Schlages gleichzeitig die Hüfte eindrehen.

Verteidigung gegen Griff zur Brust mit einer Hand

Der Angreifer packt Bruce Lee mit der linken Hand an der Brust und schlägt mit Rechts einen Schwinger zum Gesicht (1). Bruce denkt erst gar nicht an ein Abblocken des Schlages, sondern kontert sofort mit einem Fingerstich zu den Augen des Angreifers, worauf er zum Abschluß die Hand des Angreifers unbeweglich macht und gleichzeitig einen rechten Aufwärtshaken schlägt (2 und 3).

Kommentar: Ein gleichzeitiges Kontern mit einem Fingerstich gegen einen Schwinger sieht einfacher aus als es ist. Eine richtige Ausführung erfordert viel Training. Diese Technik stammt aus dem Wing Chun Kung Fu.

1

2

3

1

2

3

Verteidigung gegen einen hohen Handgelenkhebel

Der Angreifer bringt einen hohen Handgelenkhebel an der linken Hand an (1 und 2). Zum Kontern dreht man sich im Uhrzeigersinn und führt einen Rückwärtstritt aus (3 und 4).

Kommentar: Die Wahrscheinlichkeit, mit diesem Handgelenkhebel gegriffen zu werden, ist nicht sehr groß. Sollte der Fall jedoch eintreten, weiß man, was zu tun ist.

4

1

2

Verteidigung gegen Armhebel nach hinten

Der Angreifer bringt einen Armhebel nach hinten an, aus dem man sich nur schwer lösen kann (1). Die schnellste Abwehrmöglichkeit ist ein Rückwärtstritt zum Unterleib des Angreifers (2).

Kommentar: Manchmal bringt der Angreifer seine Beine und seinen Körper so nahe, daß man nicht mit einem Tritt kontern kann. In diesem Fall kann man sich jedoch so bewegen, daß genügend Platz für die Ausführung des Trittes geschaffen wird.

Verteidigung gegen Griff zur Brust und folgendem Schlag

Der Angreifer packt einen an der Brust und will einen Schlag zum Gesicht folgen lassen (1). Zur Abwehr greift man mit der linken Hand das Handgelenk des Angreifers und führt gleichzeitig einen Schlag zum Kinn aus (2). Zum Abschluß läßt man einen Fußwurf folgen (3 bis 5).

Kommentar: Ein Fingerstich wäre genauso wirksam wie ein Schlag zum Kinn. Nachdem man den Angreifer zu Boden gebracht hat, kann man zum Abschluß eine Technik mit der Hand oder dem Fuß anbringen.

3

4

5

Kapitel IV

Verteidigung gegen Würge- und Haltegriffe

Ein guter Kampfsportler ist immer wachsam und sollte sich nie überraschen lassen. Die folgenden Selbstverteidigungs-Techniken befassen sich mit Situationen, in denen man überrascht wurde und sich aus einem Würge- oder Haltegriff befreien muß.
Bruce Lee erklärte immer, daß die beste Verteidigung stets die einfachste und wirksamste ist. Dies gilt insbesondere bei Würgegriffen. In seinen Beispielen zeigt Bruce, wie man sich befreien und mit direkten und einfachen Aktionen kontern kann.
In diesem Kapitel demonstriert Bruce, wie Ellenbogenschläge, Kopfstöße und Schläge zum Unterleib eingesetzt werden.

2

1

Verteidigung gegen Würgegriff von vorn I

Der Angreifer würgt Bruce Lee, der dessen Handgelenk ergreift, um den Druck zu verringern (1). Unter Beibehaltung dieses Griffs führt Bruce blitzschnell einen Fingerstich zu den Augen aus (2 und 3) und läßt einen Kniestoß zum Unterleib folgen (4 und 5).

Kommentar: Bruce verliert bei seiner Aktion keine Zeit. Er kontert direkt, anstatt erst zu versuchen, den Griff zu brechen. Es ist zu beachten, daß das rechte Bein von Bruce das des Angreifers berührt, wodurch dieser an Tritten oder Kniestößen gehindert wird.

3

4

5

Verteidigung gegen Würgegriff von vorn II

Der Angreifer würgt Bruce Lee und drückt ihn gegen die Wand (1). Darauf macht Bruce einen Schritt zur Seite und führt einen Vorwärtstritt zum Unterleib aus (2).
Kommentar: Bruce kann sich in diesem Fall aus dem Würgegriff befreien und etwas vom Angreifer weg bewegen, so daß genügend Raum für einen Vorwärtstritt ist.

1

2

Verteidigung gegen Schwitzkasten I

Der Angreifer hält Bruce Lee im Schwitzkasten (1). Bruce kontert blitzschnell mit einem Fingerstich der freien Hand zu den Augen des Angreifers (2 und 3).

1

Verteidigung gegen Schwitzkasten II

Der Angreifer hält Bruce Lee im Schwitzkasten (1). Bruce gelingt es, seine rechte Hand über die Schulter des Angreifers zu bringen und dessen Gesicht zu krallen (2 und 3).

1

Verteidigung gegen Schwitzkasten III

Der Angreifer hält Bruce Lee im Schwitzkasten (1). Bruce dreht sich zum Angreifer hin und schlägt mit der freien Hand zum Unterleib (2 und 3).
Kommentar: Wenn man in den Schwitzkasten kommt, muß man schnell kontern, um nicht vom Angreifer zu Boden gezwungen zu werden, wo man sich noch schwerer befreien kann.

1

2

3

2

3

2

3

1

2

Verteidigung gegen Würgegriff von hinten

Der Angreifer hält Bruce Lee von hinten im Würgegriff und faßt außerdem dessen rechte Hand (1). Bruce bewegt sich etwas nach rechts und führt mit seinem linken Arm einen Ellenbogenstoß zu den Rippen des Angreifers aus (2).
Kommentar: Der Angreifer versucht, mit aller Kraft Bruce zu würden und ihn nach hinten zu beugen. Bruce bewegt sich jedoch nach rechts, bevor er wirklich in Bedrängnis kommt und schafft sich so Raum für seinen Ellenbogenstoß zu den Rippen.

Verteidigung gegen Umklammerung von hinten

(über den Armen)

Der Angreifer hat Bruce Lee von hinten umklammert (1). Um sich aus dieser Umklammerung zu befreien, setzt Bruce den rechten Fuß nach außen, verlagert seinen Schwerpunkt nach unten, um den Griff des Angreifers zu lockern und führt zum Abschluß mit der linken Hand einen Schlag zum Unterleib aus (2).
Kommentar: Die gezeigte Abwehr läßt sich nur bei konstantem Training wirksam anbringen, da man dabei verschiedene koordinierte Bewegungen in Sekundenbruchteilen ausführen muß. Dies gilt insbesondere, wenn man es mit einem starken Angreifer zu tun hat.

1

2

Verteidigung gegen Umklammerung von hinten

(Arme frei)

Der Angreifer hat Bruce Lee von hinten umklammert, jedoch unter den Armen (1). Anstatt einen Befreiungsversuch aus der Umklammerung zu machen, schlägt Bruce einfach mit einem Ellenbogenstoß nach hinten zum Gesicht des Angreifers (2).

Kommentar: Wenn man bei der Ausführung des Ellenbogenstoßes noch die Hüfte unterstützend eindreht, erhält die Abwehr noch mehr Kraft.

Verteidigung gegen Umklammerung von vorn mit Ausheber

Der Angreifer hat einen von vorn umklammert und gehoben (1). Zur Abwehr schwingt man ein Bein nach hinten und führt einen Kniestoß zum Unterleib des Angreifers aus (2 bis 4).

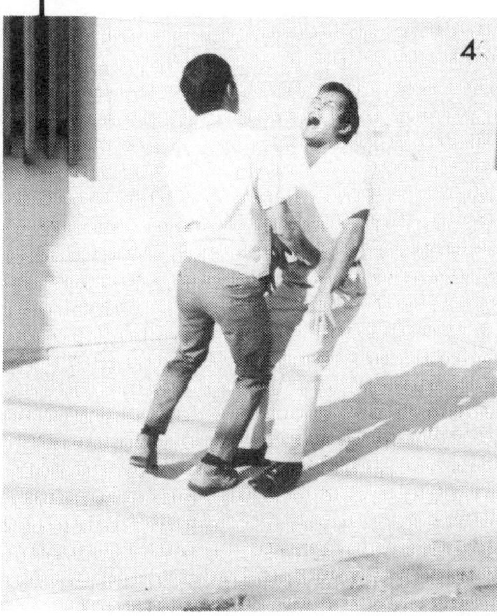

1

2

Verteidigung gegen Umklammerung von hinten mit Ausheber

Der Angreifer hat einen von hinten umklammert und gehoben (1). Zur Abwehr schnappt man den Kopf nach hinten gegen das Gesicht des Angreifers (2).
Kommentar: Bei der Umklammerung von vorn hat man immer noch eine zweite oder dritte Chance, wenn man beim ersten Abwehrversuch keinen Erfolg gehabt hat, denn der Angreifer ist selbst aktionsunfähig, solange er seine Umklammerung aufrechterhält. Bei dem gezeigten Konter gegen eine Umklammerung von hinten läuft man Gefahr, sich am Kopf zu verletzen. Wenn dies der Fall ist, wird der Angreifer jedoch mindestens ebenso verletzt.

Verteidigung gegen Schwitzkasten von vorn

Der Angreifer hält einen von vorn im Schwitzkasten (1). Bevor man zu Boden geworfen werden kann, kontert man mit einem Schlag zum Unterleib (2).

Kommentar: Es kann manchmal passieren, daß man beim Nahkampf in den Schwitzkasten genommen wird. Dann ist es vor allem wichtig, schnell zu kontern, so daß man nicht zu Boden geworfen wird.

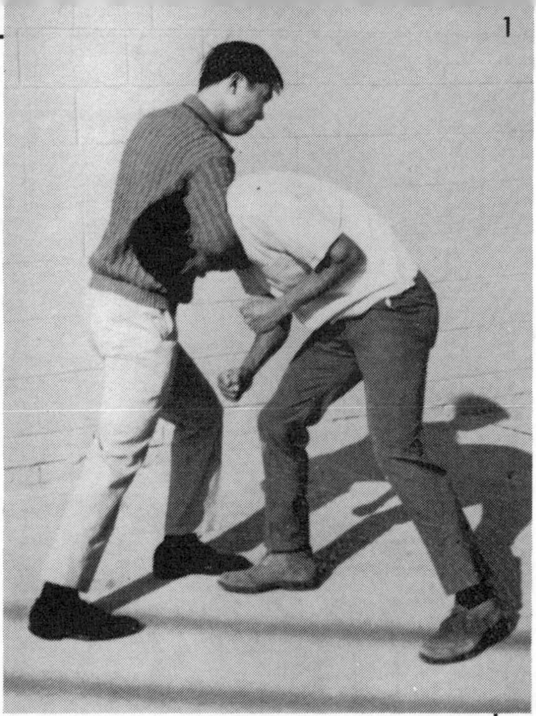

1

2

Kapitel V

Verteidigung gegen einen bewaffneten Angreifer

Es ist ein ziemlicher Unterschied, ob man einem unbewaffneten Angreifer gegenübersteht oder einem mit Messer oder Pistole bewaffneten Angreifer. Hat man mit jemandem Selbstverteidigungs-Techniken mit einer Spielzeug- oder Übungswaffe geübt, ist man wahrscheinlich bei der Not ganz gut. Wenn man sich jedoch zum ersten Mal einem richtigen Revolver oder Messer gegenübersieht, läuft es einem sicher eiskalt den Rücken herunter oder man erstarrt sogar, wenn man weiß, daß ein Fehler tödlich sein kann.

Dieses Gefühl läßt sich nur durch beständiges Üben abbauen. Aber selbst dann entspricht dies noch nicht dem realen Notfall. Gegen einen Knüppel oder Stock anzugehen ist noch lange nicht so furchteinflößend wie gegen einen scharfen Dolch oder eine Pistole.

Die gefährlichste Waffe ist natürlich die Pistole. Ein Angreifer mit einem Knüppel, einem Messer oder Stock muß erst ausholen und kündigt somit seine Absicht an. Bei der Pistole ist jedoch nur eine kleine Bewegung am Abzug nötig.

Bruce Lee zeigt hier einige Verteidigungs-Techniken gegen einen bewaffneten Angreifer. Er betonte aber auch immer, daß man gegenüber einem bewaffneten Angreifer im Nachteil ist und man diesem deshalb besser aus dem Weg gehen sollte.

1

2

Verteidigung gegen einen Knüppel I

Der Angreifer holt mit einem Knüppel aus (1 und 2). Bruce weicht gerade genügend zurück, damit ihn der Schlag ver-

fehlt und kontert dann mit einem Seitwärtstritt zum Körper des Angreifers (3 bis 5).

1

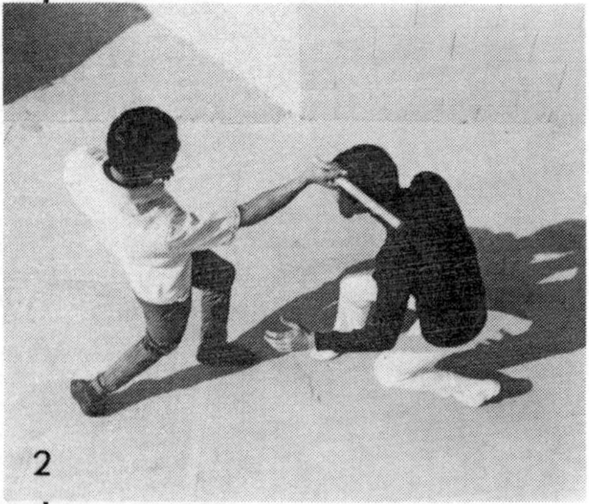

2

3

Verteidigung gegen einen Knüppel II

Der Angreifer schlägt mit einem Knüppel nach Bruce Lee, der sich unter dem Schlag wegduckt (1 und 2). Bruce packt dann den Angreifer am Ärmel und zieht ihn nach unten (3). Zum Abschluß kontert er blitzschnell mit einem Kniestoß zum Gesicht des Angreifers (4).

4

Verteidigung gegen einen Knüppel III

Der Angreifer führt den Knüppel mit beiden Händen und stößt zum Körper von Bruce Lee (1). Bruce blockt den Angriff ab und dreht seine Hüften seitlich weg, bevor er mit einem Fingerstich zu den Augen des Angreifers kontert (2).

Kommentar: Zur Abwehr eines Knüppels oder eines Eisenrohres ist gutes Timing und richtiges Distanzgefühl wichtig. Ein Fehler, und man ist in Gefahr, da es meistens keine zweite Chance gibt. Dauerndes Training ist deshalb unerläßlich.

1

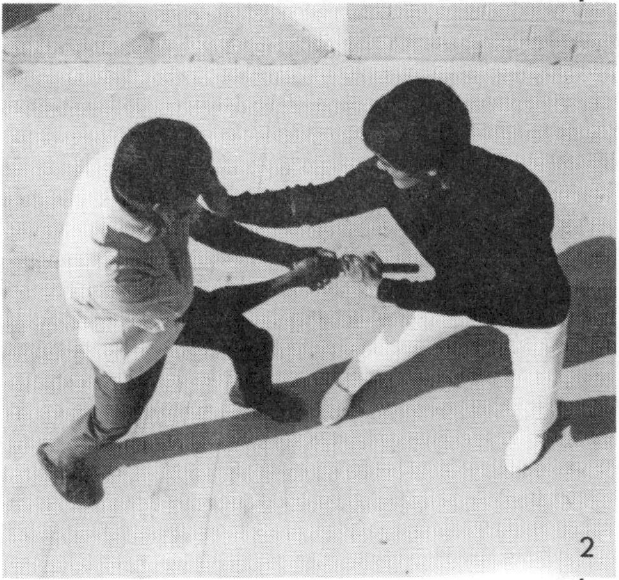

2

Verteidigung gegen einen Stock – Festhalten

Der Angreifer will mit einem Stock nach Bruce Lee schlagen (1). Bruce bewegt sich blitzschnell auf den Angreifer zu, packt dessen Arm mit der linken Hand und führt gleichzeitig mit der rechten einen Schlag zum Körper aus (2 und 3). Während er den Arm des Angreifers weiter festhält, kontert Bruce mit einem Fußfeger zum Knöchel, worauf der Angreifer zu Boden fällt (4 und 5). Beim Fallen bringt Bruce noch Schläge an (6) und tritt zum Abschluß einen Stampftritt zu den Rippen (7 und 8).

1

3

6

2

4

5

7

8

1

2

Verteidigung gegen einen Stock – Abducken

Der Angreifer schlägt mit einem Stock nach Bruce Lee, der sich blitzschnell abdruckt (1 bis 3). Sobald der Stock über seinen

3

Kopf hinweggegangen ist, kontert Bruce mit einem Halbkreisfußtritt zum Unterleib des Angreifers (4 und 5).

4

5

1

Verteidigung gegen einen Stock – Ausweichen I

Der Angreifer schlägt mit einem Stock nach Bruce Lee, der gerade soweit zurückweicht, um dem Schlag auszuweichen (1 und 2). Sobald der Schlag an ihm vorbeigegangen ist, kontert Bruce blitzartig mit einem Halbkreisfußtritt zum Kopf des Angreifers (3).

2

3

1

2

3

Verteidigung gegen einen Stock – Ausweichen II

Der Angreifer schlägt mit einem Stock nach Bruce Lee, der nach hinten ausweicht, um den Schlag zu vermeiden (1 bis 3). Sobald der Schlag an ihm vorbeigegangen ist, springt Bruce schnell auf den Angreifer zu (4 und 5) und führt einen umgekehrten Halbkreisfußtritt zum Gesicht aus (6).

1

Verteidigung gegen einen Stock – Ziehen I

Der Angreifer stößt mit einem Stock nach Bruce Lee, der dem Stoß seitlich ausweicht und den Stock ergreift (1 und 2). Während

er den Stock weiter fest-
hält, läßt Bruce einen Seit-
wärtstritt zur Brust des
Angreifers folgen (3).

Verteidigung gegen einen Stock – Ziehen II

1

Der Angreifer stößt mit einem Stock nach Bruce Lee, der dem Stoß seitlich ausweicht und den Stock ergreift (1 und 2). Zum Abschluß läßt Bruce einen Vorwärtstritt zum Arm des Angreifers folgen (3).
Kommentar: Bei der Abwehr eines Stockangriffs hat man den Vorteil, daß der Angreifer seine Waffe nicht verbergen kann. Ferner wird eine Angriffsaktion eher angekündigt

als mit einem Knüppel oder einem Messer. Der Nachteil bei der Abwehr eines Stockangriffs liegt in seiner großen Reichweite. Der Angreifer kann schon auf weite Entfernung zuschlagen. Deshalb darf man sich nicht verschätzen, wenn man die Distanz verkürzt und in den Mann hineingeht. Außerdem ist ein gutes Timing für eine Stockabwehr sehr wichtig.

2

3

1

2

3

Verteidigung gegen ein Messer

(Greifen und Stechen)

Der Angreifer packt Bruce Lee am Pullover und versucht, mit seinem Messer zuzustechen. Bruce ergreift blitzschnell die linke Hand des Angreifers (1 und 2) und schlägt den rechten Arm gegen dessen Ellen-

4

bogen (3). Gleichzeitig bringt Bruce mit dem rechten Bein einen Fußfeger an (4). Wenn der Angreifer dann zu Boden gegangen ist, tritt Bruce zum Abschluß einen Stampftritt zum Körper (5 und 6).

5

6

1

2

3

Verteidigung gegen ein Messer

(Messerstoß I)

Bruce Lee sieht sich einem Angreifer mit einem Messer gegenüber. Bevor dieser angreift, täuscht Bruce einen Fingerstich zum Gesicht an, um eine Reaktion zu provozieren (1 und 2). In diesem Moment tritt Bruce zum Knöchel des Angreifers, wobei er jedoch genügend Abstand zwischen sich und dem Angreifer läßt (3).

1

Verteidigung gegen ein Messer

(Messerstoß II)

Der Angreifer nähert sich Bruce Lee mit einem Messer (1). Zur Abwehr tritt Bruce einen Aufwärtstritt zum Handgelenk des Angreifers, worauf dieser das Messer fallen läßt (2 und 3).

2

3

1

2

Verteidigung gegen ein Messer

(Schwinger)

Der Angreifer steht einem mit einem Messer gegenüber. Wenn er mit dem Messer schwingend angreift, weicht man dem Angriff blitzschnell nach hinten aus (1 und 2). Sobald man beim Angreifer eine Blöße sieht, wenn er mit dem Messer das Ziel verfehlt hat, kommt man schnell nach vorn und führt einen Seitwärtstritt zur Kniekehle aus, worauf der Angreifer zu Boden geht (3 und 4).

Kommentar: Ein Angreifer mit einem Messer ist immer ziemlich furchteinflößend, wenn man sich nicht von Zeit zu Zeit praktisch und geistig auf eine derartige Situation vorbereitet. Falls man dies noch nicht getan hat, ist es höchste Zeit. Wenn man dann vielleicht eines Tages von einem Messerstecher bedroht wird, erstarrt man nicht schon vor Angst. Vorsicht: Es ist trotzdem immer besser, einem bewaffneten Angreifer aus dem Weg zu gehen.

3

4

1

2

Verteidigung gegen eine Pistole

(Pistole von vorn)

Der Angreifer bedroht Bruce Lee mit einer Pistole (1). Bruce reagiert blitzschnell, indem er nach vorn tritt, in der Hüfte eindreht und gleichzeitig das Handgelenk des Angreifers abwehrend packt, so daß er aus der Schußlinie kommt (2). Mit seiner freien Hand schlägt Bruce zur Kehle des Angreifers, läßt diese Hand heruntergleiten, bis er das Handgelenk des Angreifers pakken kann und führt dann zum Abschluß mit der linken Hand einen Rückfaustschlag aus (3 und 4).

3

4

1

2

Verteidigung gegen eine Pistole

(Pistole von hinten)

Der Angreifer bedroht Bruce Lee von hinten mit einer Pistole (1). Bruce kontert, indem er sich schnell entgegen dem Uhrzeigersinn dreht, wobei er seinen Arm zur Abwehr der Pistole einsetzt, so daß er aus der Schußlinie kommt (2). Dann ergreift Bruce das Handgelenk des Angreifers und schlägt mit der freien Hand zu dessen Kehle. Zum Abschluß deckt Bruce den Angreifer mit mehreren Schlägen zum Kopf ein (3 und 4).
Kommentar: Wie bereits erwähnt, ist es sehr ris-

3

kant, einen bewaffneten Angreifer zu entwaffnen. Eine Pistole kann man unmöglich auf größere Entfernung entwinden. Bevor man an den Angreifer herankommt, braucht dieser nur den Abzug zu ziehen, und der Schuß löst sich in Sekundenbruchteilen. Die einzige Möglichkeit überhaupt liegt auf kurzer Distanz. Aber selbst dann ist das Entwaffnen schwierig, und man darf sich keinen Fehler erlauben, denn es gibt hier keine zweite Chance.

4

Kapitel VI

Verteidigung gegen mehrere Angreifer

Wenn man von zwei oder mehr Angreifern überfallen wird, heißt das noch nicht, daß man sich in der schlechteren Position befindet. Man muß nur besser auf einen Kampf eingestellt sein als die Angreifer. Obwohl Bruce Lee in seinen Kämpfen die unorthodoxe Rechtsvorwärtsstellung bevorzugte, damit er hauptsächlich sein rechtes Bein und seine rechte Hand einsetzen konnte, erklärte er immer, daß man bei einem Überfall durch mehrere Angreifer auch in der Lage sein muß, die beidseitigen Körperwaffen wirksam einzusetzen.
Natürlich ist eine Verteidigung gegen mehrere Angreifer schwieriger als gegen einen einzelnen Angreifer, denn man muß genau alle gegnerischen Aktionen einkalkulieren. Wenn man erst von zwei oder mehr Angreifern festgehalten wird, ist eine Befreiung nur sehr schwer möglich; ihre kombinierte Stärke und ihr gemeinsames Gewicht übertreffen womöglich doppelt so groß.

1

2

3

Verteidigung gegen Angriff von vorn und von hinten

Der Angreifer A hebelt den linken Arm von Bruce Lee nach hinten und hält ihn gleichzeitig an der Schulter (1). Der Angreifer B will mit der Rechten zum Gesicht von Bruce schlagen (2). Bruce weicht diesem Schlag aus, dreht sich blitzartig nach rechts,

4

befreit seinen linken Arm aus dem Griff von Angreifer A und schlägt einen Rückfaustschlag zu dessen Rippen (3). Dann führt er einen Fingerstich zur Kehle von Angreifer B (4) und macht Angreifer A mit einem hohen Seitwärtstritt kampfunfähig (5 und 6).

5

6

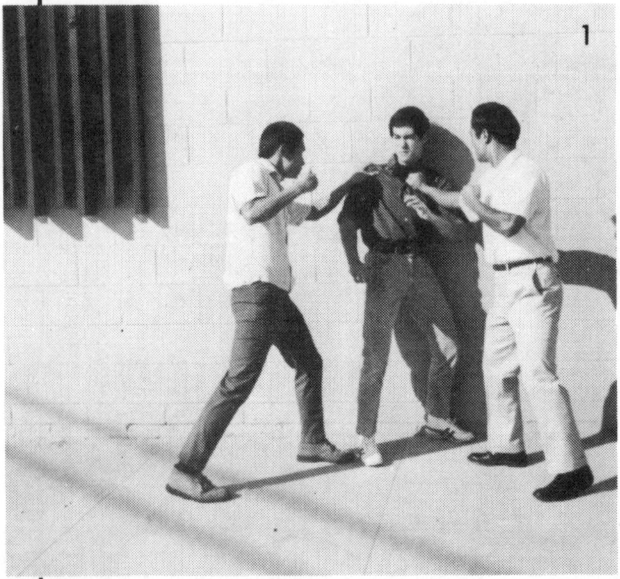

Verteidigung gegen zwei Angreifer

(Rücken gegen eine Wand)

Bruce Lee wird von zwei Angreifern an einer Wand festgenagelt (1). Er kontert schnell mit einem Seitwärtstritt zum Unterleib von Angreifer A und blockt die linke Gerade von An-

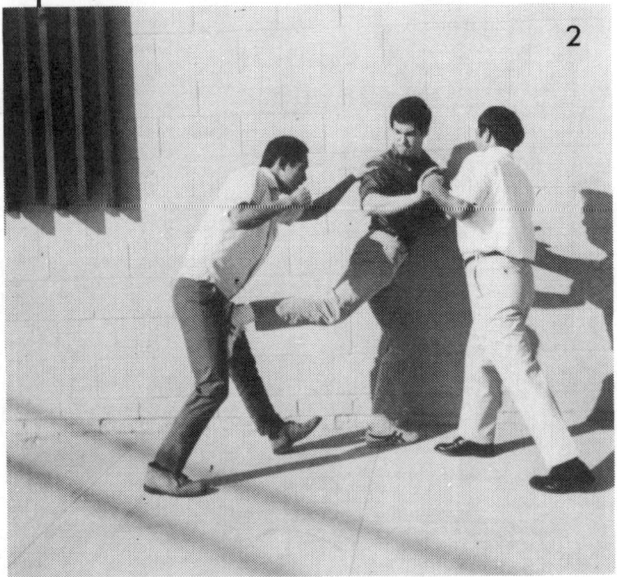

greifer B ab (2). Zum Abschluß läßt Bruce einen rechten Cross zum Gesicht und einen Vorwärtstritt zum Unterleib von Angreifer B folgen (3 und 4).

1

2

Verteidigung gegen Angreifer aus einer liegenden Position

Während Bruce Lee am Boden liegt, wird er von beiden Seiten angegriffen (1). Bruce stoppt den Tritt von Angreifer B mit beiden Händen, während er gleichzeitig einen Fußstoß zum Knie von Angreifer A aus-

3

führt, der diesen zu Boden wirft (2 und 3). Bruce hält das Bein von Angreifer B weiterhin fest und tritt zum Abschluß einen Vorwärtstritt zu dessen Unterleib (4 und 5).

4

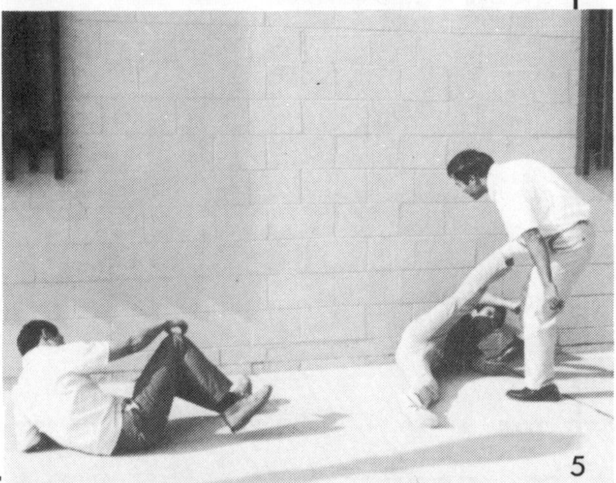
5

Verteidigung gegen einen Hinterhalt

Als Bruce Lee vorbeigehen will, wird er von Angreifer B angehalten (1 und 2). Bruce greift dessen Handgelenk, führt einen Fingerstich zu den Augen aus und folgt mit einem Haken zum Kinn, worauf Angreifer B zu Boden geht (3 bis 5). Als der Angreifer A seinem Kumpan zu Hilfe kommen will, reagiert Bruce sofort mit einem Hakentritt zu dessen Brust (6 bis 7).

Verteidigung gegen Umklammerung und zwei Angreifer von vorn

Der Angreifer A hält Bruce Lee von hinten über den Armen umklammert, während Angreifer B mit einem Schwinger zuschlagen will (1). Bruce kontert mit einem Vorwärtstritt mit dem linken Fuß zum Unterleib von B (2). Dann setzt

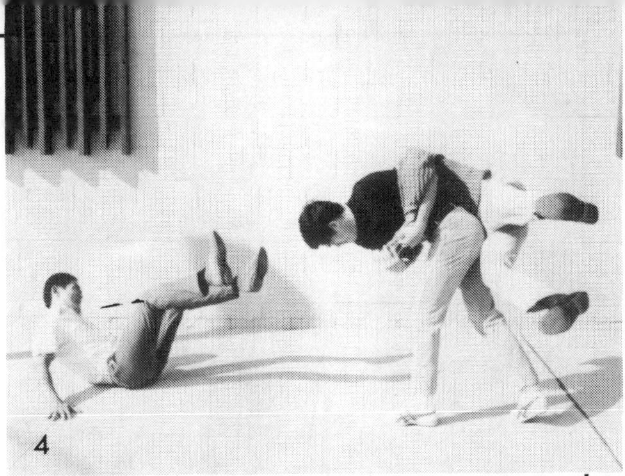

Bruce seinen linken Fuß nach hinten, hält die Arme von Angreifer A und wirft ihn mit einer Körperdrehung zu Boden (3 und 4). Zum Abschluß macht er ihn mit einer Geraden zum Gesicht kampfunfähig (5 und 6).

Verteidigung gegen Umklammerung und Angriff von vorn

Bruce Lee wird von Angreifer A von hinten umklammert, während die Angreifer B und C angreifen wollen (1). Bruce schlägt schlitzschnell zum Unterleib von Angreifer A (2). Dann schlägt er in einer Bewegung einen Hand-

kantenschlag mit der Linken zur Kehle von Angreifer A und eine Gerade mit der Rechten zum Gesicht von Angreifer B (3 und 4). Zum Abschluß wehrt Bruce Angreifer C mit einem Seitwärtstritt zur Brust ab (5).

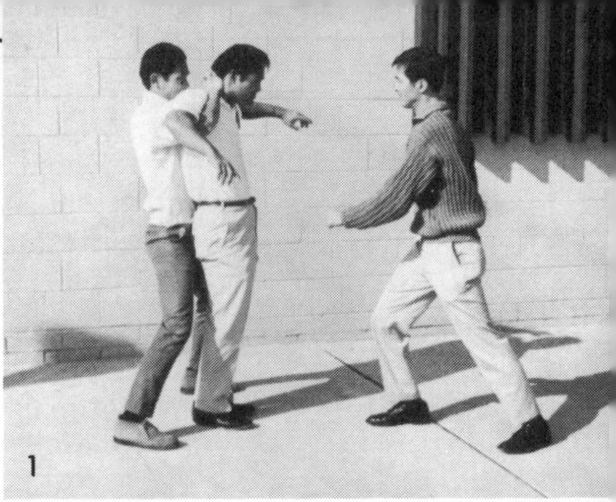

1

Verteidigung gegen einen Doppelnelson und Angriff von vorn

Angreifer A hält einen in einem Doppelnelson, während Angreifer B von vorn angreift. Zur Abwehr springt man hoch und tritt gegen die Brust von Angreifer B, wodurch dieser nach hinten taumelt (1 bis 3). Wenn man wieder auf den Füßen landet, beugt man sich nach vorn und hebt den rechten Fuß an, den man dann fest gegen den Spann von Angreifer A tritt (4 und 5). Wenn dieser seinen Griff lockert, kontert man mit einem Ellenbogenstoß zum Gesicht (6 und 7).

3

6

2

4

5

7

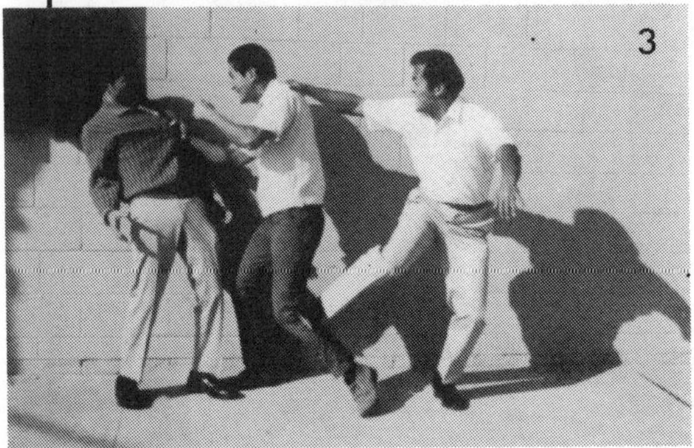

Hilfe für einen Überfallenen oder Freund

Ein Freund wird von einem Schläger bedrängt (1), der einen aber nicht gesehen hat, so daß man unbemerkt herbeieilen, seine Schulter packen und einen Tritt in seine Kniekehle ausführen kann (2 und 3), wodurch er in die Knie geht (4 und 5). Dann packt man zu zweit die Handgelenke des Angreifers und nagelt ihn mit dem Gesicht nach unten am Boden fest (6 bis 8).
Kommentar: Wenn man von zwei oder drei Angreifern angegriffen wird, sind diese normalerweise

5

6

übermütig und greifen leichtsinnig an. Dies ist ein zusätzlicher Vorteil, denn sie bieten einem ungedeckte Stellen an, was sie beim Kampf Mann gegen Mann nicht tun würden. Da man bei der Abwehr von mehreren Angreifern im Normalfall keine zweite Chance hat, muß man sicher sein, daß alle Techniken mit äußerster Wirksamkeit ankommen. Man kann die Angreifer nicht verschonen, sondern muß sein Äußerstes geben.

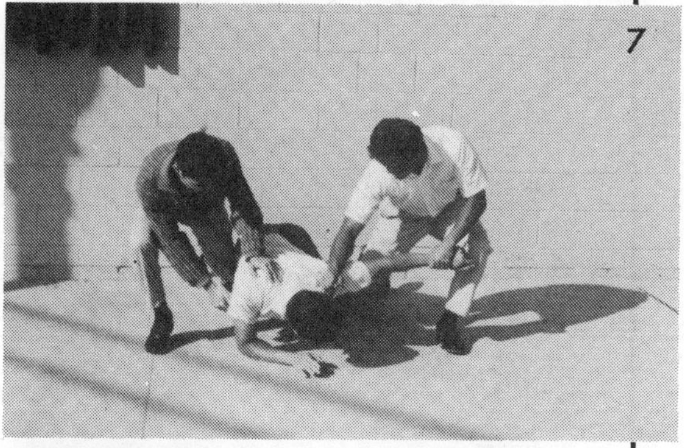
7

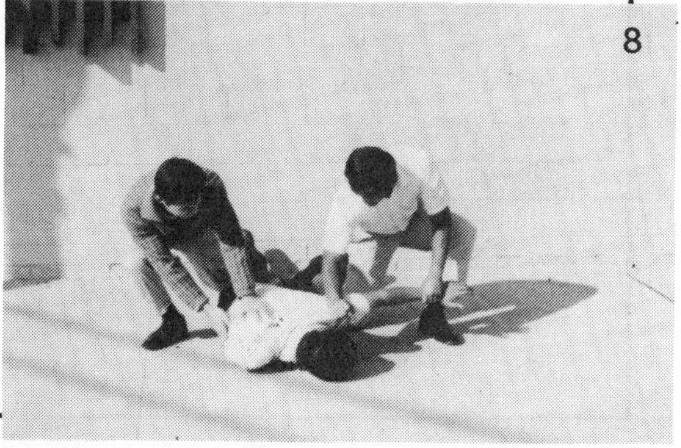
8

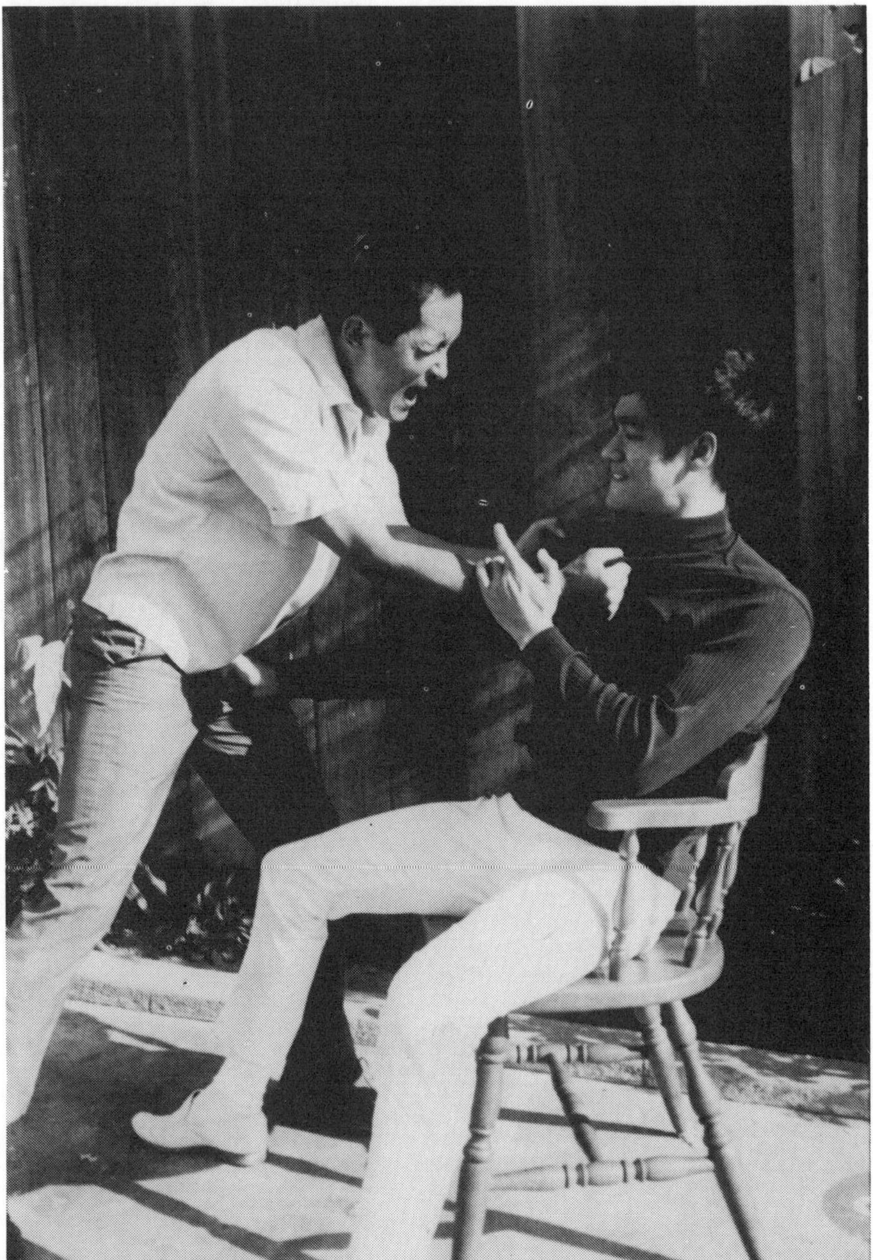

Kapitel VII

Verteidigung aus „wehrlosen" Positionen

Bruce Lee nahm dieses Kapitel in seine Selbstverteidigungs-Techniken auf, weil er der Meinung war, daß ein Angriff von überall her erfolgen kann, selbst wenn man liegt oder sitzt. Ebenso kann man aus dem Hinterhalt überrascht worden sein und sich aus einer liegenden Position am Boden freikämpfen müssen.
Hierbei ist für Bruce jede Verteidigung recht – Tritte oder Schläge müssen nicht besonders schön oder kunstvoll sein. Bei der Selbstverteidigung ist jedes Mittel erlaubt – Kratzen, Beißen, Kneifen, usw. –, das einen irgendwie aus der gefährlichen Lage bringt.

Verteidigung im Sitzen – Angriff von vorn I

Bruce Lee sitzt auf einem Stuhl, während sich von vorn ein Angreifer nähert (1). Ohne Vorwarnung stürzt der Angreifer auf Bruce zu, der instinktiv ohne aufzustehen mit einem Vorwärtstritt zum Unterleib reagiert (2 und 3).

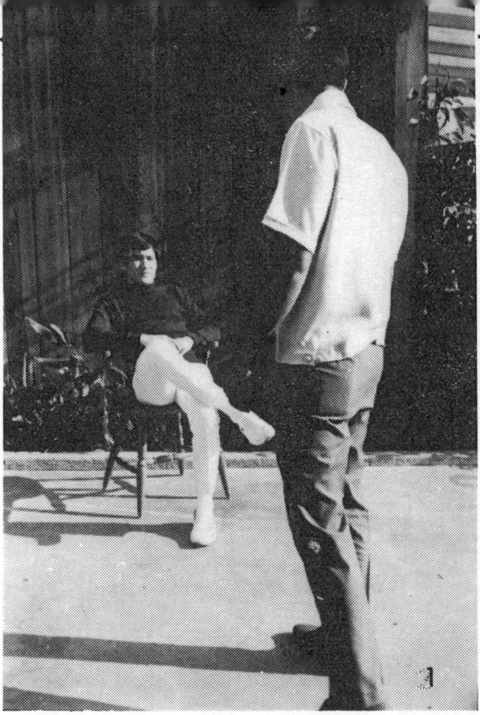

1

Verteidigung im Sitzen – Angriff von hinten

Bruce Lee sitzt auf einem Stuhl und wird von hinten von einem Angreifer überrascht, der einen Würgegriff ansetzt (1). Als Abwehr greift Bruce in die Haare des Angreifers und führt einen Fingerstich zu den Augen aus (2 und 3).

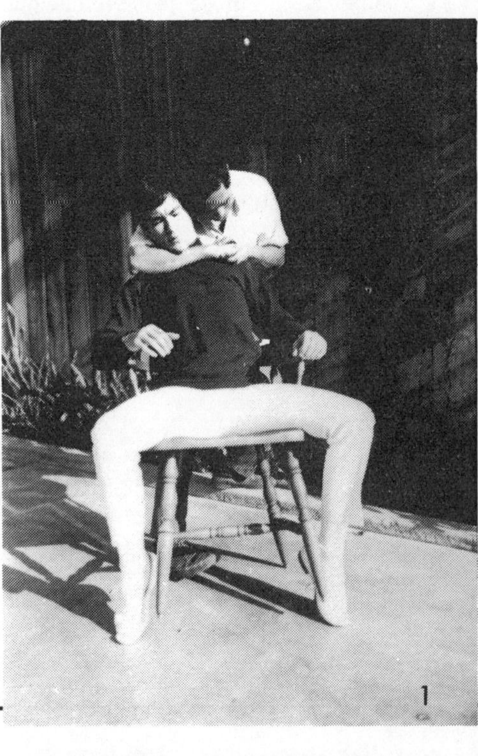

1

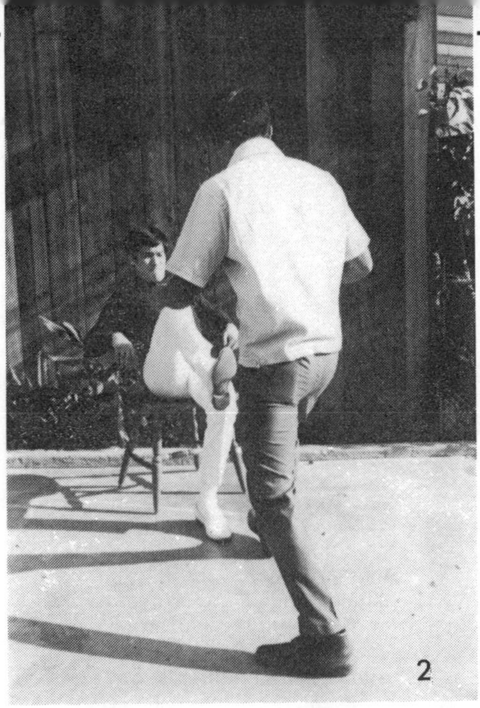

2

3

2

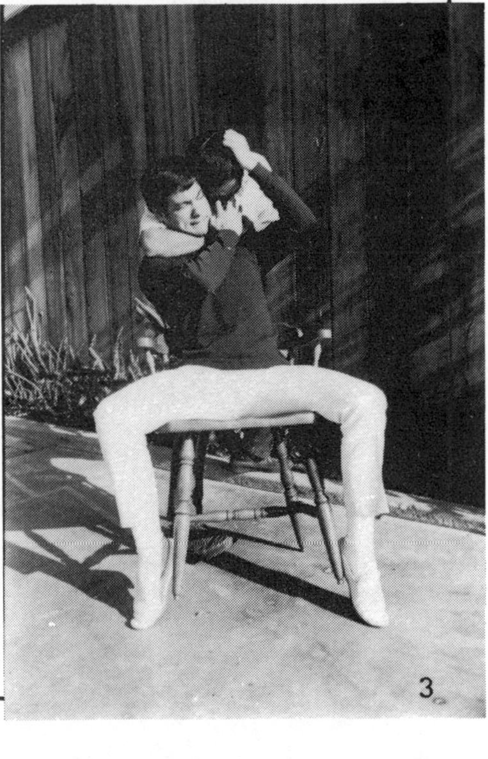

3

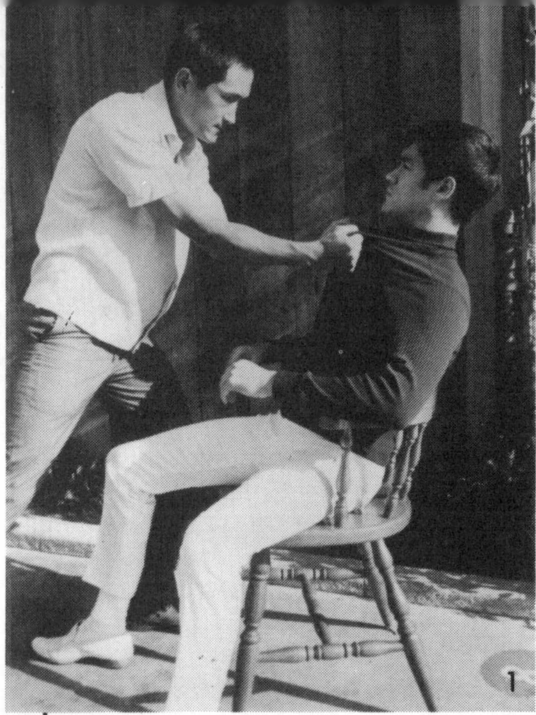

1

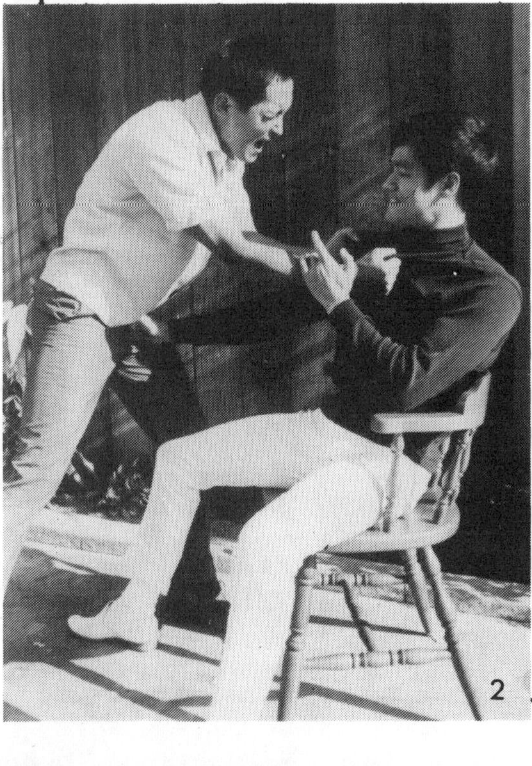

2

Verteidigung im Sitzen – Angriff von vorn II

Während Bruce Lee auf einem Stuhl sitzt, wird er von einem Angreifer überrascht, der ihn mit beiden Händen am Pullover packt (1). Bruce kontert blitzschnell mit einer rechten Geraden zum Unterleib des Angreifers (2).
Kommentar: Man muß schnell und zielsicher sein, um bei allen Angriffen die Verteidigungs-Techniken richtig anbringen zu können. Die eigene Lage ist von vorn herein ungünstig, was eine langsame Reaktion möglicherweise noch verschärft. Wenn es dem Angreifer zum Beispiel gelingt, einen vom Stuhl auf den Boden zu schlagen und dort festzuhalten, ist man gezwungen, andere Techniken anzuwenden, die dann nicht mehr so einfach sind. Außerdem braucht man möglicherweise länger, sich zu befreien oder den Angreifer kampfunfähig zu machen.

1

Verteidigung aus liegender Position – Schwitzkasten

Man wird von einem Angreifer im Schwitzkasten gehalten, der außerdem noch den rechten Arm festhält (1). Zur Abwehr greift man mit der linken, freien Hand zum Ohr des Angreifers und zieht daran, bis er seinen Griff lockert (2 bis 4).

2

3

4

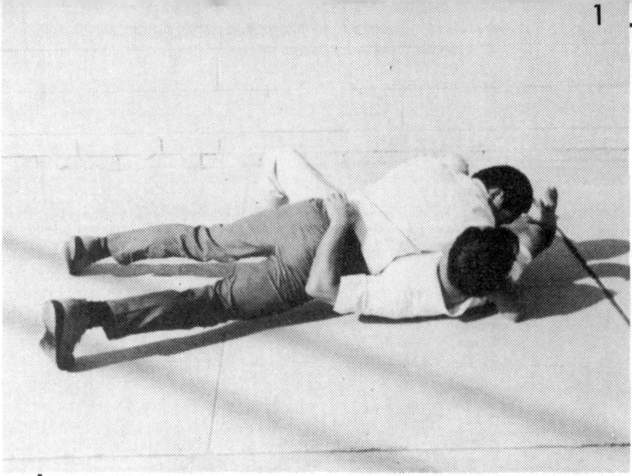

1

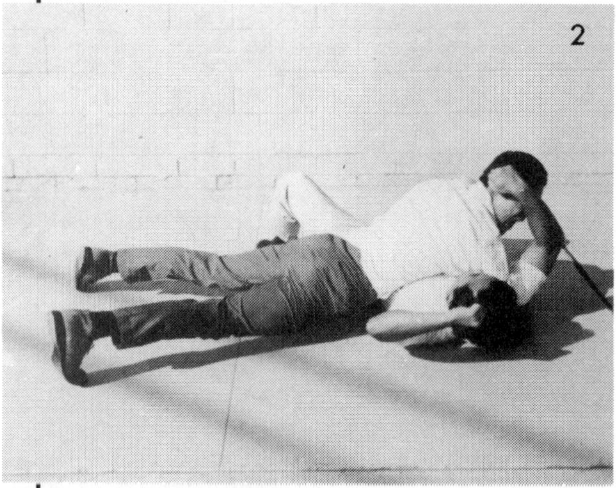

2

3

Verteidigung aus liegender Position – Querlage

Der Angreifer hält einen am Boden fest, indem er sich quer auf einen legt, wobei er die Arme frei läßt (1). Zur Abwehr greift man mit der rechten Hand zum Uhr des Angreifers und führt einen Ellenbogenstoß zum Körper aus (2 und 3).

Verteidigung aus liegender Position – Würgen

Man liegt auf dem Rücken, während der Angreifer auf einem hockt und einen Würgegriff anlegt (1). Zur Abwehr packt man eines seiner Handgelenke, um den Würgegriff etwas zu lockern und führt mit der anderen Hand einen Fingerstich zu den Augen aus (2).

Kommentar: Die Verteidigung ist aus einer liegenden Position schwieriger als aus einer stehenden. Erstens ist man nicht so beweglich; zweitens ist die Wahl der Verteidigungsmittel (Tritte, Schläge) eingeschränkt und drittens kann man wegen der eingeschränkten Beweglichkeit leicht von zwei oder mehr Angreifern kampfunfähig gemacht werden.

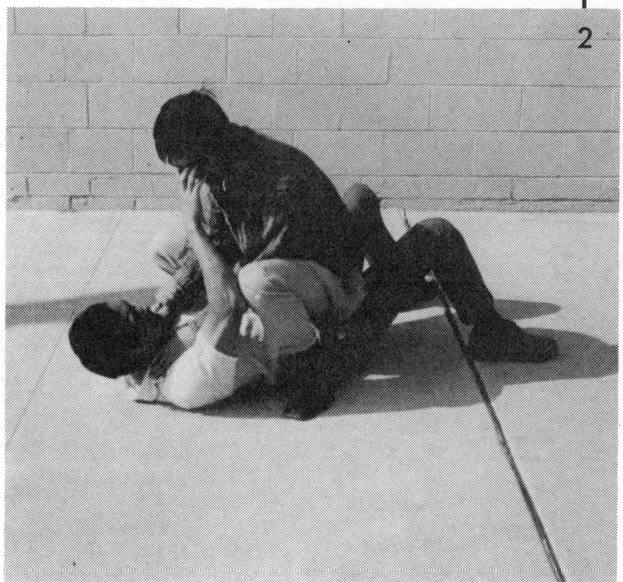

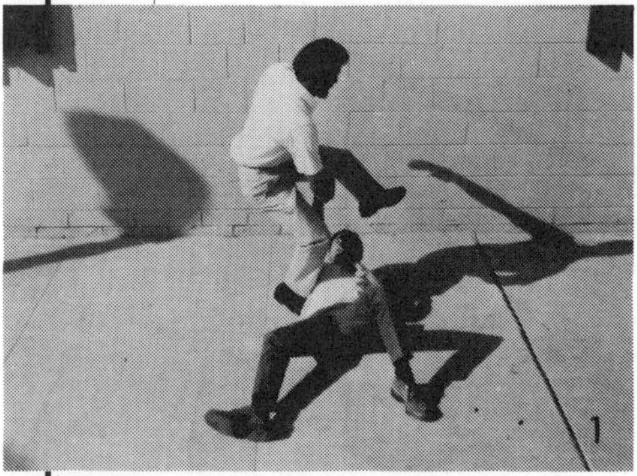

Verteidigung aus liegender Position – Stampftritt

Man liegt auf dem Rücken, während der Angreifer, der einen mit beiden Händen am rechten Handgelenk gepackt hält, einen Stampftritt zur Brust treten will (1). Zur Abwehr rollt man sich schnell auf den Angreifer zu und wirft ihn zu Boden (2 und 3). Dann führt man einen rechten Korkenzieherhaken zum Unterleib aus (4 und 5).

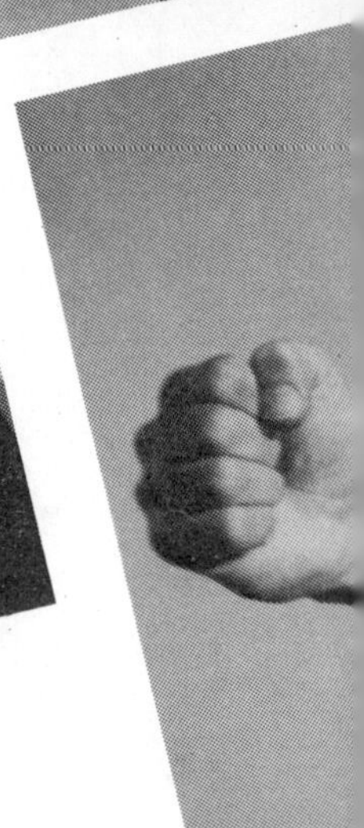

Unser Tip

Budo-Lexikon
1500 Fachausdrücke fernöstlicher Kampfsportarten
(0383) Von Herbert Velte, 138 S., 95 Abb., kart., DM 12,80

Budo-Weisheiten
und praktische Ratschläge
(0408) Herausgegeben von Herbert Velte, 80 S., 8 Zeichnungen, kart., DM 9,80

Karate für alle
Karate-Selbstverteidigung in Bildern
(0314) Von Albrecht Pflüger, 112 S., 356 Fotos, kartoniert, DM 8,80

Dynamische Tritte
Grundlagen für den Freikampf
(0438) Von Chong Lee, übersetzt von Manfred Pabst, 96 S., 398 Fotos, 10 Zeichnungen, kart., DM 9,80

Bruce Lees Jeet Kune Do
(0440) Von Bruce Lee, übersetzt von Hans Jürgen Hesse, 208 S., mit 105 eigenhändigen Zeichnungen Bruce Lees, kart., DM 19,80

Fußwürfe
für Judo, Karate und Selbstverteidigung
(0439) Von Hayward Nishioka, übersetzt von Hans Jürgen Hesse, 96 S., 260 Abb., kart., DM 9,80

FALKEN VERLAG

FALKEN VERLAG

Gesamt-Programm

Stand Herbst/Winter 1980-81

Hobby

Aquarellmalerei leicht gemacht. Von Thomas Hinz, 64 S., 79 Farbfotos, Pappband. **DM 9,80** (5099)

Neues farbiges Bastelbuch. Von Friedericke Baresel-Anderle, 248 S., durchgehend vierfarbig, 292 Farbtafeln und 123 Zeichnungen, Pappband, vierfarbiger Überzug. **DM 16,80** (4084)

Das große farbige Bastelbuch. Von Friederike Baresel-Anderle, 248 S., über 300 vierfarbige Abbildungen, Pappband. **DM 19,80** (4018)

Papier-Basteleien. Von Lena Nessle, 96 S., 84 Fotos und 70 Zeichnungen, teils zweifarbig, kartoniert. **DM 6,80** (0406)

Hobby-Basteln, Freizeit-Werken. Herausgegeben von Diethelm Reichart, 320 S. mit 400 Abbildungen, größtenteils vierfarbig, gebunden, mit Schutzumschlag. **DM 39,—** (4050)

Bauernmalerei — leicht gemacht. Von Senta Ramos, 64 S., 78 vierfarb. Abbildungen, Pappband. **DM 9,80** (5039)

Hobby-Bauernmalerei. Von Senta Ramos und Jo Roszak, 80 S. mit 116 Farbabbildungen und 28 Motivvorlagen, kartoniert. **DM 16,80** (0436)

Bauernmalerei als Kunst und Hobby. Von Arbo Gast und Hannie Stegmüller, 128 S., 239 Farbfotos und 26 Riß-Zeichnungen, gebunden, mit vierfarbigem Schutzumschlag. **DM 29,80** (4057)

Brandmalerei leicht gemacht. Von Klaus Reinhardt, 64 S., mit 68 Farbfotos und 23 Zeichnungen, Pappband. **DM 9,80** (5106)

Briefmarken sammeln für Anfänger. Von Dieter Stein, 128 S., mit zahlreichen Abbildungen, kartoniert. **DM 7,80** (0481)

CB-Code. Wörterbuch und Technik. Von Richard Kerler, 120 S. mit technischen Abbildungen, kartoniert. **DM 7,80** (0435)

Flechten mit Bast, Stroh und Peddigrohr. Von Hanne Hangleiter, 64 S., 129 Abbildungen, Pappband **DM 9,80** (5098)

Flugmodelle bauen und einfliegen. Von Werner Thies und Willi Rolf, 160 S., 63 Abbildungen und 7 Faltpläne, kartoniert. **DM 12,80** (0361)

Moderne Fotopraxis. Bildgestaltung — Aufnahmepraxis — Kameratechnik — Fotolexikon. Von Wolfgang Freihen, 304 S., davon 50 vierfarb., gebunden, mit Schutzumschlag. **DM 29,80** (4030)

Gitarre spielen. Ein Grundkurs für den Selbstunterricht. Von Atti Roßmann, 96 S., 1 Schallfolie, 57 s/w-Fotos, 150 Zeichnungen, durchgehend zweifarbig, kartoniert. **DM 19,80** (0534)

Transparente Glasmalerei — leicht gemacht. Von Felizitas Krettek, 64 S. mit 62 vierfarb. Abbildungen, Pappband. **DM 9,80** (5064)

Glasritzen. Ein neues Hobby. Von Guerlinde Mégroz, 64 S., ca. 60 Farbfotos, Pappband. ca. **DM 14,80** (5109)

Glückwunschkarten und Kalender selbst basteln. Von Gertraud Mayr, 95 S., 288 Zeichnungen, kartoniert. **DM 6,80** (0467)

Häkeln und Makramee. Techniken — Geräte — Arbeitsmuster. Von Dr. Marianne Stradal, 104 S. mit 191 Abbildungen und Schemata, kartoniert. **DM 6,80** (0320)

Hinterglasmalerei — leicht gemacht. Von Horst Hennicke, 64 S., 63 Abbildungen, 2 Zeichnungen, durchgehend vierfarbig, Pappband. **DM 9,80** (5062)

Hobby Holzschnitzen. Von der Astholzfigur zur Vollplastik. Von Heinz-D. Wilden, 112 S., 16 Farbtafeln und 135 s/w-Fotos, Pappband. **DM 14,80** (5101)

Holzspielzeug selbst gebaut und bemalt. Von Mathias Kern, 64 S., 103 Farbfotos und 9 Zeichnungen, Pappband. **DM 12,80** (5104)

Blumengestecke im Ikebanastil. Von Gabriele Vocke, 64 S. mit 37 vierfarb. Abbildungen und vielen Zeichnungen, kartoniert. **DM 14,80** (5041)

FALKEN VERLAG

Postfach 1120 · D-6272 Niedernhausen/Ts. · Tel. 06127/3011-15 · Telex 04-186585 fves d

Keramik kreativ gestalten. Von Ewald Stark, 64 S., 117 Farbfotos und 2 Zeichnungen, Pappband. **DM 9,80** (5072)

Kerzen und Wachsbilder gießen - modellieren - bemalen. Von Christa Riess, 64 S., 110 Farbfotos, Pappband. **DM 9,80** (5108)

Makramee als Kunst und Hobby. Von Eva Andersen, 128 S., 114 Farbfotos und 157 s/w-Fotos, gebunden mit cellophaniertem Schutzumschlag. **DM 34,—** (4085)

Makramee. Knüpfarbeiten leicht gemacht. Von Birte Pröttel, 64 S., 95 Farbfotos, Pappband. **DM 9,80** (5075)

Findet den ersten Stein! Mineralien, Steine und Fossilien. Grundkenntnisse für Hobby-Sammler. Von Dieter Stobbe, 96 S., 16 Farbtafeln, 14 Fotos und 10 Zeichnungen, kartoniert. **DM 9,80** (0437)

Mineralien und Steine. Farben — Formen — Fundorte. Von Rudolf Graubner, 144 S. mit 90 Farbabbildungen, flexibel kartoniert. **DM 9,80** (0409)

Modellieren mit selbsthärtendem Material. Von Klaus Reinhardt, 64 S., 93 Farbfotos, Pappband. **DM 9,80** (5085)

Möbel aufarbeiten, reparieren und pflegen. Von E. Schnaus-Lorey, 96 S., 104 Fotos und Zeichnungen, kartoniert. **DM 6,80** (0386)

Ferngelenkte Motorflugmodelle — bauen und fliegen Von Werner Thies, 184 S. mit Zeichnungen und Detailplänen, kartoniert. **DM 12,80** (0400)

Münzen. Ein Brevier für Sammler. Von Erhard Dehnke, 128 S., 30 Abbildungen — teils farbig, kartoniert. **DM 9,80** (0353)

Münzen sammeln nach Motiven. Von Armin Haug. 176 S., mit 93 Abbildungen, kartoniert. **DM 14,80** (0480)

Naive Malerei — leicht gemacht. Von Felizitas Krettek, 64 S., 76 Farbfotos, Pappband. **DM 9,80** (5083)

Ölmalerei — leicht gemacht. Von Heiner Karsten, 64 S., 62 Farbfotos, Pappband. **DM 9,80** (5073)

Origami — die Kunst des Papierfaltens. Von Robert Harbin, 160 S., über 600 Zeichnungen, kartoniert. **DM 9,80** (0280)

Papiergeld. Ein Brevier für Sammler. Von Albert Pick, 116 S., 51 Fotos, kartoniert. **DN 9,80** (0501)

Papiermachen ein neues Hobby. Von Ralf Weidenmüller, 64 S., 84 Farbfotos, 9 s/w-Fotos und 14 Zeichnungen, Pappband. **DM 14,80** (5105)

Phantasieblumen aus Strumpfgewebe, Tauchlack, Papier, Federn. Von Ruth Scholz-Peters, 64 S., mit 70 Farbfotos, Pappband. **DM 9,80** (5091)

Die Selbermachers renovieren ihre Wohnung. Von Wilfried Köhnemann, 148 S., 374 Farbabbildungen, Zeichnungen und Fotos, kartoniert. **DM 14,80** (5013)

Schiffsmodelle selber bauen. Von Dietmar und Reinhard Lochner, 200 S. und 2 Faltpläne, 93 Zeichnungen, kartoniert. **DM 14,80** (0500)

Moderne Schmalfilmpraxis. Ausrüstungen - Drehbuch Aufnahme - Schnitt - Vertonung. Von Uwe Ney, 328 S. mit über 200 Abbildungen, teils vierfarb., Balacron mit vierfarb. Schutzumschlag. **DM 29,80** (4043)

Schmalfilmen Ausrüstung — Aufnahmepraxis — Schnitt und Ton. Von Uwe Ney, 100 S., 4 Farbtafeln und 25 Abbildungen, kartoniert. **DM 6,80** (0342)

Schmuck und Objekte aus Metall und Email. Von Johann Fricke, 120 S., 183 farbige und s/w-Abbildungen, kartoniert. **DM 16,80** (5078)

Selbstschneidern — mein Hobby. Von H. Wohlert, 128 S., 233 Abbildungen, kartoniert. **DM 6,80** (0185)

Ferngelenkte Segelflugmodelle bauen und fliegen. Von Werner Thies, 176 S., 22 Fotos und 115 Zeichnungen, kartoniert. **DM 14,80** (0446)

Stricken, häkeln, loopen. Von Dr. Marianne Stradal, 96 S., 100 Abbildungen, kartoniert. **DM 5,80** (0205)

Strick mit! Ein Kurs für Anfänger. Von Birte Pröttel, 120 S., 72 vierfarbige und 188 s/w-Abbildungen, kartoniert. **DM 14,80** (5094)

Stoff- und Kuscheltiere stricken, häkeln, nähen. Von Birte Pröttel, 64 S., mit 50 Farbfotos, Pappband. **DM 9,80** (5090)

Stoffmalerei und Stoffdruck leicht gemacht. Von Heide Gehring, 64 S., 110 Farbfotos, Pappband. **DM 9,80** (5074)

Töpfern als Kunst und Hobby. Von Johann Fricke, 132 S., davon 37 vierfarb., 222 s/w-Fotos, gebunden, mit Schutzumschlag. **DM 29,80** (4073)

Arbeiten mit Ton. Von Johann Fricke Fernsehbegleitbuch, 128 S., mit 166 s/w-Fotos und 15 Farbtafeln, kartoniert. **DM 14,80** (5048)

Trockenblumen und Gewürzsträuße. Von Gabriele Vocke, 64 S., 63 Farbfotos, Pappband. **DM 9,80** (5084)

Zeichnen Sie mal — malen Sie mal. Von Ferry Ahrlé und Volker Kühn, 112 S., 16 Farbtafeln, viele Zeichnungen, Pappband. **DM 14,80** (5095)

Zinngießen leicht gemacht. Von Käthi Knauth, 64 S., 85 Farbfotos, Pappband. **DM 9,80** (5076)

Zugeschaut und mitgebaut Band 1. Helmut Scheuer im Hobby-Keller — ein ZDF-Fernsehbegleitbuch. Von Helmut Scheuer, 96 S., 218 Farbabbildungen und s/w-Fotos, kartoniert. **DM 14,80** (5031)

Zugeschaut und mitgebaut Band 2. Helmut Scheuer im Hobby-Keller. Von und mit Helmut Scheuer, 120 S. mit 277 farbigen und s/w-Abbildungen, kartoniert. **DM 14,80** (5061)

Zugeschaut und mitgebaut Band 3. Von Helmut Scheuer, 120 S., 291 farbige und s/w-Abbildungen, kartoniert. **DM 14,80** (5077)

Zugeschaut und mitgebaut Band 4. Helmut Scheuer im Hobby-Keller. Von Helmut Scheuer, 120 S., mit 122 farbigen und 113 s/w-Abbildungen, kartoniert. **DM 14,80** (5093)

Sport

Angeln. Kleine Fibel für den Sportfischer. Von E. Bondick, 96 S., mit über 116 Abbildungen, kartoniert. **DM 6,80** (0198)

Sportfischen. Fische — Geräte — Technik. Von Helmut Oppel, 144 S., mit 49 Fotos, Abbildungen und 8 Farbtafeln, kartoniert. **DM 9,80** (0324)

Auto-Rallyes für jedermann. Planen — ausrichten — mitfahren. Von Rüdiger Hagelberg, 104 S., kartoniert. **DM 9,80** (0457)

Basketball. Übungen und Technik für Schule und Verein. Von Chris Kyriasoglou, 116 S. mit 252 Übungen zur Basketballtechnik, 186 Fotos und 164 Zeichnungen, kartoniert. **DM 12,80** (0279)

Eishockey. Technik — Taktik — Regeln. Von Roman Neumayer, ca. 144 S. mit 90 Fotos und Abbildungen, kartoniert. ca. **DM 9,80*** (0414)

Fechten. Florett — Degen — Säbel. Von Emil Beck, 88 S., 219 Fotos und Zeichnungen, kartoniert. **DM 9,80** (0449)

Die Erben Lilienthals. **Sportfliegen heute.** Von Günter Brinkmann, 240 S., 32 Farbtafeln, 176 s/w-Fotos, 33 Zeichnungen, mit vierfarbigem Schutzumschlag, gbd. **DM 39,—** (4054)

Fußball. Technik — Regeln — Taktik. Von Holger Obermann und Peter Walz, 166 S., 93 Fotos, 56 Zeichnungen, kartoniert. **DM 9,80** (0448)

Mein bester Freund, der Fußball. Von Detlev Brüggemann und Dirk Albrecht, 144 S., 171 Abbildungen, kartoniert. **DM 16,80** (5107)

FALKEN VERLAG

* Neuerscheinung. Preise waren bei Druckbeginn noch nicht endgültig festgelegt.

Golf. Ausrüstung — Technik — Regeln. Von J. Jessop, übersetzt von Heinz Biemer, mit einem Vorwort von H. Krings, Präsident des Deutschen Golf-Verbandes, 160 S., 65 Abbildungen, Anhang der Golfregeln des DGV, kartoniert. **DM 14,80** (0343)

Handball. Technik — Taktik — Regeln. Von Fritz und Peter Hattig, 144 S., 91 Fotos und 121 Zeichnungen, kartoniert. **DM 9,80** (0426)

Hockey. Grundschule — Training — Taktik. Von Horst Wein, 152 S. mit vielen Zeichnungen und Fotos, kartoniert. **DM 12,80** (0398)

Isometrisches Training. Übungen für Muskelkraft und Entspannung. Von Lothar M. Kirsch, 144 Seiten, 164 Fotos, kartoniert. **DM 9,80** (0529)

Fibel für Kegelfreunde. Von G. Bocsai, 80 S., mit über 60 Abbildungen, kartoniert. **DM 4,80** (0191)

Beliebte und neue Kegelspiele. Von Georg Bocsai, 92 S., 62 Abbildungen, kartoniert. **DM 4,80** (0271)

Spaß am Laufen. Jogging für die Gesundheit. Von Werner Sonntag, 120 S., 36 Abbildungen, kartoniert. **DM 6,80** (0470)

Pool-Billard. Hrsg. Vom Deutschen Pool-Billard-Bund. Von Manfred Bach, Karl-Werner Kühn, 88 S., mit über 80 Abbildungen, kartoniert. **DM 7,80** (0484)

Reiten. Vom ersten Schritt zum Reiterglück. Von Herta F. Kraupa-Tuskany, 64 S. mit vielen Farbbildern und Zeichnungen, kartoniert. **DM 9,80** (5033)

Reiten im Bild. Dressur — Springen — Gelände. Von Ute Richter, 168 S., 235 Abbildungen, kartoniert. **DM 9,80** (0415)

Roller-Skating. Roller-Jogging - Disco-Rolling. Von Christa-Maria und Richard Kerler, 96 S., 64 s/w-Fotos, 15 Zeichnungen, kartoniert. **DM 7,80** (0518)

Sportschießen für jedermann. Von Anton Kovacic, ca. 144 S., viele Fotos und Zeichnungen, kartoniert. ca. **DM 9,80*** (0502)

Schwimm mit! Anfängerkurs für Kinder und Eltern. Ein ZDF-Fernsehbegleitbuch. Von W. Günter Lingenau und Bärbel Vitt, 64 S., 120 Abbildungen, kartoniert, mit Ringheftung. **DM 9,80** (5040)

Babys lernen schwimmen. Von Jean Fouace, 96 S., 46 Abbildungen, kartoniert. **DM 9,80** (0497)

Segeln. Ein Anfängerkurs mit vielen Bildern. Von H. und L. Blasy, 112 S., 92 Fotos und Abbildungen, kartoniert. **DM 7,80** (0316)

Segeln. Boote, Manöver, Windsurfen. Von Horst Müller, 64 S., 42 Farbabbildungen, Pappband. **DM 9,80** (5009)

Segeln. Von Claus Hehner, 96 S., 106 großformatige Farbfotos, Pappband. **DM 19,80** (4207)

Ski-Gymnastik. Fit für Piste und Loipe. Von Hannelore Pilss-Samek, 104 S., 67 Fotos und 20 Zeichnungen, kartoniert. **DM 6,80** (0450)

Skilanglauf für jedermann. Lernen — Üben — Anwenden. Ein Fernsehbegleitbuch. Von Prof. Heiner Brinkmann, Sporthochschule Köln, 116 S. mit 133 Fotos, kartoniert. **DM 12,80** (5036)

Skischule. Ausrüstung — Technik — Gymnastik. Von Christine und Richard Kerler, 128 S. mit 100 Fotos, kartoniert. **DM 7,80** (0369)

Falken-Handbuch-Skisport. Alpiner und Langlauf. Von Kuno Meßmann und Toni Reiter, ca. 320 S., viele Abbildungen und Skizzen, gebunden, mit vierfarbigem Schutzumschlag. ca. **DM 29,80*** (4087)

Squash. Ausrüstung — Technik — Regeln. Von Knut Fricke, 84 S., 90 Abbildungen und Zeichnungen, kartoniert. **DM 9,80** (0389)

Falken-Handbuch Tauchsport. Von Wolfgang Freihen, 272 S., 252 Farbfotos und Abbildungen, gebunden, mit Schutzumschlag. **DM 36,—** (4062)

Tennis. Technik — Taktik — Regeln. Von Harald Elschenbroich, 112 S., 81 Abbildungen, kartoniert. **DM 6,80** (0375)

Erfolgreiche Tennis Taktik. Von Robert Ford Greene, übersetzt von Michael Rolf Fischer, 181 Seiten, 87 Abbildungen, gebunden. **DM 19,80** (4086)

Frust und Freud beim Tennis. Psychologische Studien der Spielertypen und Verhaltensweisen. Von S. H. Cath, A. Kahn, N. Cobb, 176 S., gebunden, mit Schutzumschlag. **DM 16,80** (4079)

DUNLOP-Führer **Tennis-Hotels** 1979/80. Von Dr. Werner Jopp, 244 S., kartoniert. **DM 14,80** (0489)

DUNLOP-Führer. **Tennis-Hotels.** Wesentlich erweiterte Neuausgabe 1980/81. Von Werner Jopp, 312 S., kartoniert. ca. **DM 14,80*** (0526)

Tischtennis — modern gespielt, mit TT-Quiz 17:21. Von Ossi Brucker und Tibor Harangozo, 120 S., 65 Abbildungen, kartoniert. **DM 9,80** (0363)

Volleyball. Technik — Taktik — Regeln. Von Henner Huhle, 102 S., 330 Abbildungen, kartoniert. **DM 9,80** (0351)

Voltigieren. Pflicht — Kür — Wettkampf. Von Josephine Bach, 119 S., 88 s/w-Fotos und 4 Farbtafeln, kartoniert. **DM 12,80** (0455)

Wasser-Volleyball. Von Laszlo Sarossi und Karl-Friedrich Schwarz, 80 S., 54 Abbildungen, kartoniert. **DM 12,80** (0456)

Windsurfing. Handbuch für Grundschein und Praxis. Von Calle Schmidt, 64 S., über 50 Abbildungen, durchgehend vierfarbig, Pappband. **DM 9,80** (5028)

FALKEN VERLAG

* Neuerscheinung. Preise waren bei Druckbeginn noch nicht endgültig festgelegt.

Budo

Aikido. Lehren und Techniken des harmonischen Weges. Von Rolf Brand, 280 S., mit 697 Abbildungen, kartoniert. DM 19,80 (0537)

Bruce Lee. Sein Leben und Kampf. Von seiner Frau Linda. Deutsch von W. Nottrodt, 182 S. mit vielen Abbildungen. DM 16,80 (0392)

FALKEN + OHARA. Ein Exklusivabkommen mit dem weltgrößten Budo-Verlag OHARA, USA, ermöglicht es Falken, diese wichtige Produktion nun auch in deutscher Sprache dem Interessierten zugänglich zu machen.

Bruce Lees Jeet Kune Do. Von Bruce Lee, übersetzt von Hans-Jürgen Hesse, 192 S., mit 105 eigenhändigen Zeichnungen von Bruce Lee, kartoniert. DM 19,80 (0440)

Bruce Lees Kampfstil 1. Grundtechniken. Von Bruce Lee und M. Uyehara, deutsch von Hans-Jürgen Hesse, 109 S., 220 Abbildungen, kartoniert. DM 9,80 (0473)

Bruce Lees Kampfstil 2. Selbstverteidigungs-Techniken. Von Bruce Lee, M. Uyehara, 128 S., mit 310 Fotos, kartoniert. DM 9,80 (0486)

Bruce Lees Kampfstil 3. Trainingslehre. Von Bruce Lee und M. Uyehara, 112 S., 246 Abbildungen, kartoniert. DM 9,80 (0503)

Bruce Lees Kampfstil 4. Kampftechnik. Von Bruce Lee und M. Uyehara, übersetzt von Hans-Jürgen Hesse, 104 S., 211 Abbildungen, kartoniert. DM 9,80* (0523)

Budo-Karikaturen. Gezeichnete Witze über fernöstliche Kampfsportarten. Von Herbert Velte und Peter Raab, 112 S., kartoniert. DM 7,80 (0504)

Budo-Lexikon. 1500 Fachausdrücke fernöstlicher Kampfsportarten. Von Herbert Velte, 138 S., 95 Abbildungen, kartoniert. DM 12,80 (0383)

Budo-Weisheiten — und praktische Ratschläge. Herausgegeben von Herbert Velte, 80 S., 8 Zeichnungen, kartoniert. DM 9,80 (0408)

Dynamische Tritte. Grundlagen für den Freikampf. Von Chong Lee, übersetzt von Manfred Pabst, 96 S., 398 Fotos, 10 Zeichnungen, kartoniert. DM 9,80 (0438)

Fußwürfe für Judo, Karate und Selbstverteidigung. Von Hayward Nishioka, übersetzt von Hans-Jürgen Hesse, 96 S., 260 Abbildungen, kartoniert. DM 9,80 (0439)

Hap Ki Do. Grundlagen und Techniken koreanischer Selbstverteidigung. Von Kim Sou Bong, 120 S., 153 Abbildungen, kartoniert. DM 14,80 (0379)

Judo — Grundlagen des Stand- und Bodenkampfes. Von W. Hofmann, 244 S., 589 Fotos, 2-farbiger Einband, Großformat, gebunden. DM 29,80 (4013)

Judo. Grundlagen — Methodik. Von Mahito Ohgo, 204 S., 1025 Fotos, kartoniert. DM 14,80 (0305)

Judo. Go Kyo-Kampfsporttechniken. Von Mahito Ohgo, 152 S., 231 Abbildungen, kartoniert. DM 16,80 (0352)

Wir machen Judo. Von Riccardo Bonfranchi und Ulrich Klocke, 92 S., mit Bewegungsabläufen in cartoonartigen zweifarbigen Zeichnungen, kartoniert. DM 12,80 (5069)

Neue Lehrmethoden der Judo-Praxis. Von Pierre Herrmann, 223 S., 475 Abbildungen, kartoniert. DM 16,80 (0424)

Ju-Jutsu — waffenlose Selbstverteidigung. Das Beste aus Judo, Karate, Aikido. Von Werner Heim und Franz J. Gresch, 156 S., 460 Fotos, kartoniert. DM 9,80 (0276)

Ju-Jutsu 2. Für Fortgeschrittene und Meister. Von Werner Heim und Franz J. Gresch. 164 S., 708 Abbildungen, kartoniert. DM 16,80 (0378)

Ju-Jutsu 3. Spezial-, Gegen- und Weiterführungstechniken. Von Werner Heim, Franz Josef Gresch, 214 S., mit über 600 Abbildungen, kartoniert. DM 19,80 (0485)

Kampfsport Fernost. Kung-Fu — Judo — Karate — Kendo — Aikido. Von Jim Wilson, 88 S., 164 farbige Abbildungen, Pappband. DM 22,— (4108)

Karate I. Ein fernöstlicher Kampfsport. Von Albrecht Pflüger, 136 S., 195 Fotos und Zeichnungen, kartoniert. DM 9,80 (0227)

Karate II. Von Albrecht Pflüger, 160 S., 452 Abbildungen, kartoniert. DM 9,80 (0239)

Karate für alle. Karate-Selbstverteidigung in Bildern. Von Albrecht Pflüger, 112 S., 356 Fotos, kartoniert. DM 8,80 (0314)

Karate-Do. Das Handbuch des modernen Karate. Von Albrecht Pflüger, 360 S., über 1159 Abbildungen, gebunden. DM 29,80 (4028)

BO-Karate. Kukishin-Ryu, die Techniken des Stockkampfes. Von Georg Stiebler, 176 S., 424 Fotos und 38 Zeichnungen, kartoniert. DM 16,80 (0447)

Kontakt-Karate. Ausrüstung — Technik — Training. Von Albrecht Pflüger, 5 DAN Karate, 128 S., 238 Fotos, kartoniert. DM 12,80 (0396)

Karate für Frauen und Mädchen. Sport und Selbstverteidigung. Von Albrecht Pflüger, 168 S., 259 Fotos, kartoniert. DM 9,80 (0425)

FALKEN VERLAG

* Neuerscheinung. Preise waren bei Druckbeginn noch nicht endgültig festgelegt.

Kung-Fu — Grundlagen, Technik. Von Bruce Tegner, 182 S., 370 Fotos, kartoniert. **DM 14,80** (0367)

Kung-Fu II. Theorie und Praxis klassischer und moderner Stile. Von Manfred Pabst, 160 S., 330 Abbildungen, kartoniert. **DM 12,80** (0376)

Das Karate-Buch Ereignis

Nakayamas Karate perfekt 1. Einführung. Von Masatoshi Nakayama, 144 S., mit 605 Fotos, kartoniert. **DM 19,80** (0487)

Nakayamas Karate perfekt 2. Grundtechniken. Von Masatoshi Nakayama, 136 S., 354 Fotos, 53 Zeichnungen, kartoniert. **DM 19,80** (0512)

Nakayamas Karate perfekt 3. Kumite 1: Kampfübungen. Von Masatoshi Nakayama, übersetzt von Hans-Jürgen Hesse, 128 S., 424 Abbildungen, kartoniert. **DM 19,80** (0538)

Nunchaku. Waffe — Sport — Selbstverteidigung. Von Albrecht Pflüger, 144 S., 247 Abbildungen, kartoniert. **DM 16,80** (0373)

SAI. Karate-Waffe zur Selbstverteidigung. Von Fumio Demura, deutsch von Hans-Jürgen Hesse, 156 S., 608 Abbildungen, kartoniert. **DM 16,80** (0472)

Shaolin-Kempo — Kung-Fu. Chinesisches Karate im Drachenstil. Von Ronald Czerni und Klaus Konrad, 236 S., 723 Abbildungen, kartoniert. **DM 19,80** (0395)

Shuriken · Tonfa · Sai. Stockfechten und andere bewaffnete Kampfsportarten aus Fernost. Von Andreas Schulz, 96 S., 253 Fotos, kartoniert. **DM 12,80** (0397)

Taekwon-Do. Koreanischer Kampfsport. Von Konstantin Gil, 152 S., 408 Abbildungen, kartoniert. **DM 12,80** (0347)

Illustriertes Handbuch des Taekwon-Do. Koreanische Kampfkunst und Selbstverteidigung. Von Konstantin Gil, 248 S., 1026 Abbildungen, gebunden. **DM 28,—** (4053)

Wissen und Technik

Antiquitäten-(Ver)führer. Stilkunde — Wert — Echtheitsbestimmung. Von Margot Lutze, 128 S., über 180 Abbildungen, durchgehend vierfarbig, Pappband. **DM 19,80** (5057)

Die schnellsten Autos der Welt. Von H. G. Isenberg und Dirk Maxeiner, 96 S., 110 Abbildungen, überwiegend vierfarbig, Pappband. **DM 19,80** (4201)

Dampflokomotiven. Von Werner Jopp, 96 S., 134 Farbabbildungen, Pappband. **DM 19,80** (4204)

Die tollsten Motorflugzeuge aller Zeiten. Von Richard J. Höhn und Hans G. Isenberg, 96 S., 86 großformatige Farbfotos, Pappband. **DM 19,80** (4208)

Zivilflugzeuge. Vom Kleinflugzeug zum Überschall-Jet. Von Hans G. Isenberg und Richard J. Höhn, 96 S., 115 großformatige Farbfotos, Pappband. **DM 19,80** (4218)

Keine Angst vorm Fliegen. Von Rudolf Braunburg und R.J. Pieritz, 159 S., 15 Farbtafeln, 68 s/w-Fotos, kartoniert. **DM 12,80** (0463)

Gebrauchtwagen-Preise. Frühjahr/Sommer 1980. Herausgegeben von Hanns W. Schwacke—Eurotax. 160 S., kartoniert. **DM 7,80** (0519)

Gebrauchtwagen-Preise. Stand Herbst 1980, Herausgegeben von Hanns W. Schwacke—Eurotax, 160 S., kartoniert. **DM 7,80** (0525)

Freizeit mit dem Mikroskop. Von Martin Deckart, 132 S., 69 Fotos und 4 Zeichnungen, kartoniert. **DM 9,80** (0291)

Heiße Öfen. Von Horst Briel, 64 S., 63 Farbabbildungen, Pappband. **DM 9,80** (5008)

Mofas, Mokicks, Heiße Öfen. Steckbriefe der meistgefahrenen Maschinen. Von Horst Briel, 168 S., 175 farbige und s/w-Abbildungen, kartoniert. **DM 14,80** (0513)

Die schnellsten Motorräder der Welt. Von H. G. Isenberg und Dirk Maxeiner, 96 S., 100 Farbabbildungen, Pappband. **DM 19,80** (4206)

Die schnellsten Motorboote der Welt. Von Hans G. Isenberg, 96 S., 104 großformatige Farbfotos, Pappband. **DM 19,80** (4210)

Die rasantesten Rallyes der Welt. Von Hans G. Isenberg, Dirk Maxeiner, 96 S., mit 116 großformatigen Fotos, Pappband. **DM 19,80** (4213)

Der Sklave Calvisius. 150 n. Chr. Alltag in einer römischen Provinz. Von Alice Ammermann, Tilman Röhrig, Gerhard Schmidt, 120 S., mit über 100 farbigen und schwarzweißen Abbildungen, Pappband. **DM 19,80** (4058)

Wärme aus Kälte und Sonne. Moderne Techniken zur Wärmegewinnung. Von Gottfried Kludas, 176 S., 46 Zeichnungen, kartoniert. **DM 16,80** (0453)

FALKEN VERLAG

* Neuerscheinung. Preise waren bei Druckbeginn noch nicht endgültig festgelegt.

Pflanzen, Garten, Tiere

Arzneikräuter und Wildgemüse erkennen und benennen. Von Jörg Raithelhuber, 140 S., 108 Farbfotos, kartoniert. **DM 14,80** (0459)

Bäume und Sträucher erkennen und benennen. Von Jörg Raithelhuber, 116 S., 108 Farbfotos, kartoniert. **DM 16,80** (0509)

Balkons in Blütenpracht zu allen Jahreszeiten. Von Nikolaus Uhl, 64 S., 82 vierfarbige Abbildungen, Pappband. **DM 9,80** (5047)

Beeren und Waldfrüchte erkennen und benennen — eßbar oder giftig? Von Jörg Raithelhuber, 136 S., 90 Farbfotos, 40 s/w, kartoniert. **DM 16,80** (0401)

Faszination Berg zwischen Alpen und Himalaya. Von Toni Hiebeler, 96 S., mit 100 großformatigen Farbfotos Pappband. **DM 19,80** (4214)

Blumenpracht im Garten. Von Inge Manz, 64 S., 93 Abbildungen, durchgehend vierfarbig, Pappband, **DM 9,80** (5014)

Frühbeet und Kleingewächshaus. Von Dr. Gustav Schoser, 64 S., 43 Farbfotos, durchgehend vierfarbig, Pappband. **DM 12,80** (5055)

Gärtnern. Von Inge Manz, 64 S., 38 Farbabbildungen, Pappband. **DM 9,80** (5004)

Der Garten. Das moderne illustrierte Standardwerk. Von Gerhard Bambach, unter Mitarbeit von Ulrich Kaiser, Wolfgang Velte und Joachim Zech, 826 S. mit über 800 Abbildungen und Gartenskizzen, teils vierfarbig, gebunden mit Schutzumschlag. **DM 46,—** (4044)

Das Gartenjahr. Arbeitsplan für draußen und drinnen. Von Gerhard Bambach, 152 S., 16 Farbtafeln, viele Abbildungen, kartoniert. **DM 9,80** (4075)

Gartenteiche und Wasserspiele. Planen, anlegen und pflegen. Von Horst Sikora, 160 S., 16 Farbtafeln, über 100 Skizzen und Abbildungen, Pappband. **DM 26,—** (4083)

Gemüse und Kräuter. Frisch und gesund aus eigenem Anbau. Von Mechthild Hahn, 64 S., 71 Abbildungen, durchgehend vierfarbig, Pappband. **DM 9,80** (5024)

Hydrokultur. Pflanzen ohne Erde — mühelos gepflegt. Von Hans-August Rotter, 120 S., 67 farbige und s/w Abbildungen und Zeichnungen, Pappband. **DM 19,80** (4080)

Faszinierende Formen und Farben **Kakteen.** Von Katharina und Franz Schild, 96 S., 127 großformatige Farbfotos, Pappband. **DM 19,80** (4211)

Kakteen. Herkunft, Anzucht, Pflege. Von Werner Hoffmann, 64 S., 70 Abbildungen, durchgehend vierfarbig, Pappband. **DM 9,80** (5021)

Fibel für Kakteenfreunde. Von H. Herold, 92 S., 8 Farbtafeln, kartoniert. **DM 7,80** (0199)

Großes Kräuter- und Gewürzbuch. Von Heinz Görz, 584 S., 40 Farbtafeln und 152 Abbildungen, gebunden mit Schutzumschlag. **DM 36,—** (4026)

Die farbige Kräuterfibel. Von Ingrid Gabriel, 196 S., 142 Abbildungen, davon 49 farbig, Taschenbuchformat, gebunden. **DM 14,80** (0245)

Der Obstgarten. Pflanzung · Pflege · Baumschnitt · Neuheiten. Von Joachim Zech, 64 S., 54 Farbfotos, Pappband. **DM 12,80** (5100)

Orchideen. Von Dr. Gustav Schoser, 143 S., mit 143 großform. Farbfotos, Pappband. **DM 19,80** (4215)

Orchideen. Eigenart — Schnittblumen — Topfkultur — Pflege. Von Dr. Gustav Schoser, 64 S., 75 Farbfotos, Pappband. **DM 9,80** (5038)

Falken-Handbuch Pilze. Mit über 250 Farbfotos und Rezepten. Von Martin Knoop, 276 S., 250 Farbfotos, 28 Zeichnungen, gebunden, mit vierfarbigem Schutzumschlag. **DM 36,—** (4061)

Pilze erkennen und benennen. Von J. Raithelhuber, 136 S., 106 Farbfotos, kartoniert. **DM 9,80** (0380)

Das farbige Pilzbuch. Von K. und G. Kronberger, 132 S., 105 farbige Abbildungen, gebunden. **DM 12,80** (0215)

Rosen. Arten — Pflanzung — Pflege. Von Inge Manz, 64 S., 60 Farbfotos, 1 Zeichnung, Pappband. **DM 11,80** (5065)

Steingärten. Anlage — Pflanzen — Pflege. Von Martin Haberer, 64 S., mit 90 Farbfotos, Pappband. **DM 9,80** (5092)

* Neuerscheinung. Preise waren bei Druckbeginn noch nicht endgültig festgelegt.

Sukkulenten. Mittagsblumen, Lebende Steine, Wolfsmilchgewächse u.a. Von Werner Hoffmann, 64 S., 82 Farbabbildungen, Pappband.	**DM 11,80**	(5070)
Die bunte Welt der Wiesenblumen. Von Friedrich Jantzen, 96 S., 121 großformatige Farbfotos, Pappband.	**DM 19,80**	(4217)
Ziersträucher und -bäume im Garten. Von Inge Manz, 64 S., 91 Farbabbildungen, Pappband.	**DM 12,80**	(5071)
Falken-Handbuch Zimmerpflanzen. 1600 Pflanzenporträts. Von Rolf Blaich, 432 S., 480 Farbfotos, 84 Zeichnungen, 1600 Pflanzenbeschreibungen, gebunden, mit vierfarbigem Schutzumschlag.	**DM 39,—**	(4082)
Zimmerpflanzen. Von Inge Manz, 64 S., 98 Farbabbildungen, Pappband.	**DM 9,80**	(5010)
Amphibien und Reptilien im Terrarium. Lebensgewohnheiten — Arten — Pflege. Von Kurt Rimpp, 64 S., 70 Farbabbildungen, 19 Zeichnungen, durchgehend vierfarbig, Pappband.	**DM 14,80**	(5056)
Das Aquarium. Einrichtung, Pflege und Fische für Süß- und Meerwasser. Von Hans J. Mayland. 334 S. mit über 415 Farbabbildungen u. Farbtafeln sowie 150 Zeichnungen u. Skizzen, Balacron mit vierfarbigem Schutzumschlag, abwaschbare Polyleinprägung.	**DM 36,—**	(4029)
Das Meerwasser-Aquarium. Einrichtung — Pflege — Fische und niedere Tiere. Von Hans J. Mayland, 146 S., 258 Abbildungen, davon 30 farbig, kartoniert.	**DM 9,80**	(0281)
Aquarienfische des tropischen Süßwassers. Von Hans J. Mayland, 64 S., 98 Farbabbildungen, Pappband.	**DM 9,80**	(5003)
Süßwasser-Aquarienfische Von Burkard Kahl, 96 S., 108 großformatige Farbfotos, Pappband.	**DM 19,80**	(4212)
Das Süßwasser-Aquarium. Einrichtung — Pflege — Fische — Pflanzen. Von W. Baehr und H. J. Mayland 132 S., 163 Zeichnungen und 8 Farbtafeln, kartoniert.	**DM 7,80**	(0153)
Süßwasser-Aquaristik. Exotische Welt im Glas. Von Lothar Scheller, 64 S., 67 Farbfotos und Zeichnungen, Pappband.	**DM 12,80**	(5080)
Dackel, Teckel, Dachshund. Aufzucht - Pflege - Ausbildung. Von Marianne Wein-Gysae, ca. 112 Seiten, viele Fotos und Zeichnungen, kartoniert.	ca. **DM 7,80***	(0508)
Dinosaurier und andere Tiere der Urzeit. Von Gerolf Alschner, 96 S., 81 großformatige vierfarbige Zeichnungen, 4 s/w-Fotos, Pappband, cellophaniert.	**DM 19,80**	(4219)
Hunde. Rassen — Erziehung — Haltung. Von Horst Bielfeld, 96 S., 101 großformatige Farbfotos, Pappband.	**DM 19,80**	(4209)
Das neue Hundebuch. Von W. Busack, überarbeitet von Dr. med. vet. A. H. Hacker, 104 S., zahlreiche Abbildungen auf Kunstdrucktafeln, kartoniert.	**DM 6,80**	(0009)
Hunde-Ausbildung. Verhalten — Gehorsam — Abrichtung. Von Prof. Dr. R. Menzel, 96 S., 18 Fotos, kartoniert.	**DM 7,80**	(0346)
Katzen. Rassen - Haltung - Pflege. Von Brigitte Eilert-Overbeck, 96 S., 82 großformatige Farbfotos, Pappband.	**DM 19,80**	(4216)
Das neue Katzenbuch. Rassen — Aufzucht — Pflege. Von Brigitte Eilert-Overbeck, 128 S., 14 Farbfotos und 26 schwarzweiß, kartoniert.	**DM 7,80**	(0427)
Ponys. Rassen, Haltung, Reiten. Von Stefan Braun, 96 S., mit 84 Farbabblidungen, Pappband.	**DM 19,80**	(4205)
Falken-Handbuch Der Deutsche Schäferhund. Von Ursula Förster, 228 S., 160 farbige und s/w-Abbildungen sowie Zeichnungen, gebunden mit Schutzumschlag.	**DM 29,80**	(4077)
Der Deutsche Schäferhund. Von Dr. Hacker, 104 S., 24 Abbildungen auf Kunstdrucktafeln, kartoniert.	**DM 6,80**	(0073)
Schmetterlinge. Tagfalter Mitteleuropas erkennen und benennen. Von Thomas Ruckstuhl, 156 S., 136 Farbfotos, kartoniert.	**DM 16,80**	(0510)
Das Terrarium. Von Burkard Kahl, Paul Gaupp, Dr. Günter Schmidt, 336 S., mit 215 farbigen Abb., gebunden mit vierfarb. Schutzumschl.	**DM 39,—**	(4069)
Ziervögel in Haus und Voliere. Arten — Verhalten — Pflege. Von Horst Bielfeld, 144 S., 32 Farbfotos, kartoniert.	**DM 9,80**	(0377)

FALKEN VERLAG

* Neuerscheinung. Preise waren bei Druckbeginn noch nicht endgültig festgelegt.

Essen und Trinken

Schönes Hobby: Backen. Erprobte Rezepte mit modernen Backformen. Von Elke Blome, 96 S., 8 Farbtafeln, kartoniert. **DM 6,80** (0451)

Selbst Brotbacken mit über 50 erprobten Rezepten. Von Jens Schiermann, 80 S., 6 Zeichnungen, 4 Farbtafeln, kartoniert. **DM 6,80** (0370)

Brotspezialitäten backen und kochen. Von Jack W. Hochscheid, Lutz Helger, 64 S., mit 50 Farbfotos, Pappband. **DM 9,80** (5088)

Chinesisch kochen. Von Karl-Heinz Haß, 64 S., 33 Farbabbildungen, Pappband. **DM 9,80** (5011)

Dänische Küche. Nordische Tafelfreuden. Von Holger Hofmann, 64 S., mit 50 Farbfotos, Pappband. **DM 11,80** (5086)

Desserts. Von Margrit Gutta, 64 S. mit 38 Abbildungen, durchgehend vierfarbig, Pappband. **DM 12,80** (5020)

Deutsche Spezialitäten. Von R. Piwitt, 64 S., 37 Abbildungen, durchgehend vierfarbig, Pappband. **DM 9,80** (5025)

Alles über Einkochen, Einlegen, Einfrieren. Von Birgit Müller, 152 S., 15 Farbtafeln, in flexiblem Karton gebunden. **DM 12,80** (4055)

Einkochen nach allen Regeln der Kunst. Von Birgit Müller, 96 S., 8 Farbtafeln, kartoniert. **DM 6,80** (0405)

Die besten Eintöpfe und Aufläufe. Von Anneliese und Gerhard Eckert, 64 S., 49 Farbfotos, Pappband. **DM 11,80** (5079)

Der lachende Feinschmecker. Fred Metzlers Rezepte mit Pointen. Von Fred Metzler, 136 S., mit Zeichnungen von Ferry Ahrlé, Pappband. **DM 12,80** (0475)

Fischküche kalt und warm - mild und herzhaft. Von Heidrun Gebhardt, 64 S., 36 Abbildungen, durchgehend vierfarbig, Pappband. **DM 9,80** (5052)

Fondues · Raclettes · Flambiertes. Von Renate Peiler und Marie-Louise Schult, 136 S., 15 Farbtafeln und 28 Zeichnungen, kartoniert. **DM 9,80** (4081)

Fondues. Von Eva Exner, 64 S., 50 Abbildungen, durchgehend vierfarbig, Pappband. **DM 9,80** (5006)

Fondues und fritierte Leckerbissen. Von Stefanie Stein, 80 S., 8 Farbtafeln, kartoniert. **DM 6,80** (0471)

Französisch kochen. Von Margrit Gutta, 64 S., durchgehend vierfarbig mit 35 Farbabbildungen, Pappband. **DM 9,80** (5016)

Das neue Fritieren geruchlos, schmackhaft und gesund. Von Marianne Bormio, 96 S., 8 Farbtafeln, kart. **DM 6,80** (0365)

Geflügel. Die besten Rezepte aus aller Welt. Von Margrit Gutta, 64 S., 32 Abbildungen, durchgehend vierfarbig, Pappband. **DM 9,80** (5050)

Gesund kochen — wasserarm und fettfrei. Von Margrit Gutta, 240 S., 16 Farbtafeln, Pappband. **DM 19,80** (4060)

Grillen. Von Inge Zechmann, 64 S., 38 Abbildungen, durchgehend vierfarbig, Pappband. **DM 9,80** (5001)

Die neue Grillküche. Garen und backen im Quarz-Grill. Von Marianne Bormio, 80 S., 8 Farbtafeln, kartoniert. **DM 7,80** (0419)

Grillen — drinnen und draußen. Von Claus Arius, 152 S., 30 Farbtafeln, in flexiblem Karton gebunden. **DM 12,80** (4047)

Kochen und backen im Heißluftherd. Vorteile, Gebrauchsanleitung, Rezepte. Von Katharina Kölner, ca. 80 S., kartoniert. ca. **DM 6,80*** (0516)

Max Inzingers 111 beste Rezepte. Von Max Inzinger, 124 S., 35 Farbtafeln, kartoniert. **DM 19,80** (4041)

Italienische Küche. Von Margrit Gutta, 64 S., 33 Abbildungen, durchgehend vierfarbig, Pappband. **DM 9,80** (5026)

Japanische Küche schmackhaft und bekömmlich. Von Hiroko Toi, 64 S., mit 38 Farbfotos, Pappband. **DM 9,80** (5087)

Kalte Platten. Von Maître Pierre Pfister, 240 S., 135 großformatige Farbfotos, gebunden, mit vierfarbigem Schutzumschlag. **DM 48,—** (4064)

Kalte Happen und Partysnacks. Von Dolly Peters, 64 S., 35 vierfarbige Abbildungen, Pappband. **DM 9,80** (5029)

Kleine kalte Küche für Alltag und Feste. Von Anneliese und Gerhard Eckert, 64 S., 45 Farbfotos, Pappband. **DM 9,80** (5097)

Kalte Platten — Kalte Büffets. Von Margrit Gutta, 64 S., durchgehend vierfarbig mit 34 Farbabbildungen, Pappband. **DM 9,80** (5015)

Kleingebäck. Plätzchen — Kekse — Guetzli. Von Margrit Gutta, 64 S., mit 50 Farbfotos, Pappband. **DM 9,80** (5089)

Kräuter- und Heilpflanzen-Kochbuch. Von Pia Pervenche, 152 S., 15 Farbtafeln, in flexiblem Karton gebunden. **DM 12,80** (4066)

Miekes Kräuter- und Gewürzkochbuch. Von Irmgard Persy und Klaus Mieke, 96 S., 8 Farbtafeln, kartoniert. **DM 6,80** (0323)

Kuchen und Torten. Von Klaus Groth, 64 S. mit 42 Abbildungen, durchgehend vierfarbig, Pappband. **DM 9,80** (5067)

Kulinarische Genüsse für Verliebte. Von Claus Arius, 128 S., 16 Farbtafeln, gebunden, mit Schutzumschlag. **DM 24,80** (4071)

FALKEN VERLAG

*Neuerscheinung. Preise waren bei Druckbeginn noch nicht endgültig festgelegt.

Das neue Mikrowellen-Kochbuch. Von Hermann Neu, 64 S., 4 Farbtafeln, kartoniert. **DM 5,80** (0434)

Natursammlers Kochbuch. Wildfrüchte und -gemüse Pilze, Kräuter — finden und zubereiten. Von Christa-Maria Kerler, 140 S., 12 Farbtafeln, Pappband mit vierfarbigem Überzug. **DM 19,80** (4040)

Nordische Küche. Speisen und Getränke von der Küste. Von Jutta Kürtz, 64 S., 44 Farbfotos, Pappband. **DM 11,80** (5082)

Nudelgerichte — lecker, locker, leicht zu kochen. Von Christiane Stephan, 80 S., 8 Farbtafeln, kartoniert. **DM 6,80** (0466)

Alles mit Obst. Einkochen — Einlegen — Einfrieren. Von M. Hoff und B. Müller, 96 S., 8 Farbtafeln, kartoniert. **DM 6,80** (0364)

Omas Küche und unsere Küche heute. Von Peter J. Lemcke, 160 S., 8 Farbtafeln, 95 Zeichnungen, Pappband. **DM 19,80** (4089)

Ostasiatische Küche schmackhaft und bekömmlich. Von Taki Sozuki, 64 S., mit 38 Abbildungen, durchgehend vierfarbig, Pappband. **DM 9,80** (5066)

Köstliche Pizzas, Toasts, Pasteten. Von Anneliese und Gerhard Eckert, 64 S., 48 Farbfotos, Pappband. **DM 9,80** (5081)

Rezepte rund um Raclette und Hobby-Rechaud. Von Jack W. Hochscheid, 72 S., 8 Farbtafeln, kartoniert. **DM 7,80** (0420)

Gesunde Kost aus dem Römertopf. Von Jutta Kramer, 128 S., 8 Farbtafeln, 13 Zeichnungen, kartoniert. **DM 7,80** (0442)

Salate für alle Gelegenheiten. Von Elke Fuhrmann, 64 S., 47 Abbildungen, durchgehend vierfarbig, Pappband. **DM 9,80** (5002)

88 köstliche Salate. Von Christine Schönherr, 104 S., 8 Farbtafeln, kartoniert. **DM 6,80** (0222)

Schnell gekocht — gut gekocht mit vielen Rezepten für Schnellkochtöpfe und Schnellbratpfannen. Von Irmgard Persy, 96 S., 8 Farbtafeln, kartoniert. **DM 7,80** (0265)

Alternativ essen Die gesunde Sojaküche Von Uwe Kolster, 112 S., 8 Farbtafeln, kartoniert. **DM 9,80** (0553)

Soßen. Die Krönung der feinen Küche. Von Giovanni Cavestri, 100 S., 14 Farbtafeln, kartoniert. **DM 9,80** (0357)

Spanische Küche. Von Margrit Gutta, 64 S., 35 Abbildungen, durchgehend vierfarbig, Pappband. **DM 9,80** (5037)

Raffinierte Steaks und andere Fleischgerichte. Von Gerhard Eckert, 64 S., 37 vierfarbige Abbildungen, Pappband. **DM 9,80** (5043)

Hobby-Kochbuch für Tiefkühlkost. Bunte TK-Fibel Von Ruth Vollmer-Ruprecht, 104 S., 8 Farbtafeln, kartoniert. **DM 8,80** (0302)

Der schön gedeckte Tisch. Von Rolf Stender, 64 S., 60 Abbildungen, durchgehend vierfarbig, Pappband. **DM 9,80** (5005)

Kalte und warme Vorspeisen · einfach · herzhaft · raffiniert, Von Karin Iden, 64 S., 43 vierfarbige Abbildungen, Pappband. **DM 9,80** (5045)

Waffeln süß und pikant. Von Christiane Stephan, 64 S., 4 Farbtafeln, kartoniert. **DM 6,80** (0522)

Wild und Geflügel. Von Christine Schönherr, 256 S., 122 großformatige Farbfotos, gebunden, mit vierfarbigem Schutzumschlag. **DM 48,—** (4056)

Großes Getränkebuch. Wein · Sekt · Bier · und Spirituosen aus aller Welt, pur und gemixt. Von Claus Arius, 288 S. mit Register, 179 teils großformatige Farbfotos, Balacron mit farbigem celloph. Schutzumschlag, Schuber. **DM 58,—** (4039)

Cocktails und Mixereien. Von J. Walker, 104 S., 25 Zeichnungen, kartoniert. **DM 5,80** (0075)

Neue Cocktails und Drinks mit und ohne Alkohol. Von Siegfried Späth, 128 S., 4 Farbtafeln, Pappband. **DM 9,80** (0517)

Kaffee für Genießer. Von Holger Hofmann, 88 S., mit 8 Farbtafeln, kartoniert. **DM 6,80** (0492)

Mixen mit und ohne Alkohol. Von Holger Hofmann, 64 S., 35 Abbildungen, durchgehend vierfarbig, Pappband. **DM 9,80** (5017)

Rund um den Rum. Von der Feuerzangenbowle zum Karibiksteak. Von Holger Hofmann, 64 S., 32 Abbildungen, durchgehend vierfarbig, Pappband. **DM 12,80** (5053)

Tee. Herkunft · Mischungen · Rezepte. Von Sonja Ruske, 96 S., 4 Farbtafeln und viele Abbildungen, Pappband. **DM 9,80** (0515)

Tee für Genießer. Von Marianne Nicolin, 64 S., 4 Farbtafeln, kartoniert. **DM 5,80** (0356)

FALKEN VERLAG

* Neuerscheinung. Preise waren bei Druckbeginn noch nicht endgültig festgelegt.

Gesundheit und Schönheit

Eigenbehandlung durch Akupressur. Heilwirkungen — Energielehre — Meridiane. Von Gerhard Leibold, 152 S., 78 Abbildungen, kartoniert. **DM 9,80** (0417)

Die Brot-Diät — der Schlankheitsplan ohne Extreme. Von Prof. Dr. Erich Menden und Waltraute Aign, 92 S., 8 Farbtafeln, kartoniert. **DM 6,80** (0452)

Computer-Menüs zum Schlankwerden. Die 1000-Kalorien-Kost aus dem Computer. Von Dr. Maria Wagner und Ulrike Schubert, 92 S. mit vielen Tabellen kartoniert. **DM 6,80** (0317)

Neue Rezepte für **Diabetiker-Diät**. Vollwertig — abwechslungsreich — kalorienarm. Von Monika Oehlrich 120 S., 8 Farbtafeln, kartoniert. **DM 9,80** (0418)

Gesund und fit durch Gymnastik. Von Hannelore Pilss-Samek, 132 S., 150 Abbildungen, kartoniert. **DM 7,80** (0366)

10 Minuten täglich **Tele-Gymnastik.** Von Beate Mentz und Kafi Biermann, 128 S., 381 Abbildungen, kartoniert. **DM 12,80** (5102)

Der praktische Hausarzt. Unter Mitarbeit zahlreicher Fachärzte, koordiniert von Dr. Eric Weiser, 718 S., 487 Abbildungen und 16 Farbtafeln, gebunden. **DM 19,80** (4011)

Die Frau als Hausärztin. Von Dr. med. Anna Fischer-Dückelmann, 808 S., 16 Farbt. 174 Fotos, 238 Zeichn., gebunden, mit Schutzumschlag. **DM 58,—** (4072)

Falken-Handbuch Heilkräuter. Modernes Lexikon der Pflanzen und Anwendungen. Von Gerhard Leibold, 392 S., 183 Farbfotos, gebunden, mit Schutzumschlag. **DM 29,80** (4076)

Kalorien — Joule. Eiweiß — Fett — Kohlehydrate tabellarisch nach gebräuchlichen Mengen. Von Marianne Bormio, 88 S., kartoniert. **DM 4,80** (0374)

Alles mit Joghurt. Tagfrisch selbstgemacht mit vielen Rezepten. Von Gerda Volz, 88 S., 8 Farbtafeln, kartoniert. **DM 7,80** (0382)

Die 4444-Joule-Diät. Schlankessen mit Genuß. Von Hans J. Fahrenkamp, 160 Seiten, 8 Farbtafeln, kartoniert. **DM 9,80** (0530)

Hypnose und Autosuggestion. Methoden — Heilwirkungen — praktische Beispiele, Von Gerhard Leibold, 116 S., kartoniert. **DM 7,80** (0483)

Koch' mit Köpfchen. Iß das Richtige zum Schlankwerden. Von Max Inzinger, 92 S., kartoniert. **DM 7,80** (0421)

Das große Hausbuch der Naturheilkunde. Von Gerhard Leibold, 386 S., 18 Farbfotos und 8 s/w, 196 Zeichnungen, gebunden mit vierfarbigem Schutzumschlag. **DM 34,—** (4052)

Rohkost — abwechslungsreich — schmackhaft — gesund, Von Ingrid Gabriel, 64 S., 40 Abbildungen, durchgehend vierfarbig, Pappband. **DM 12,80** (5044)

Gesünder schlafen aber wie? Von Rolf Faller, 96 S., 11 Farbfotos, kartoniert. **DM 8,80** (0494)

Schön, schlank und fit mit Kareen Zebroff. 176 S., 126 Abbildungen, kartoniert. **DM 20,—** (0371)

Schönheitspflege. Kosmetische Tips für jeden Tag. Von Heide Zander, 96 S., 25 Abbildungen, kartoniert. **DM 7,80** (0493)

Yoga für Jeden mit Kareen Zebroff. 156 S., 135 Abbildungen, kartoniert mit Spiralbindung. **DM 20,—** (0341)

Yoga für Liebhaber Von John Champ, 60 S., durchgehend vierfarb., mit großform. Fotos, gebunden. **DM 24,80** (4112)

Yoga gegen Haltungsschäden und Rückenschmerzen. Krokodil-Übungen für jung und alt. Von Alois Raab, 104 S., 215 Abbildungen, kartoniert. **DM 6,80** (0394)

Gesundheit und Spannkraft durch Yoga. Von Dr. Lothar Frank und Ursula Ebbers, 120 S., 50 Fotos, kartoniert. **DM 7,80** (0321)

FALKEN VERLAG

* Neuerscheinung. Preise waren bei Druckbeginn noch nicht endgültig festgelegt.

Briefsteller

Worte und Briefe der Anteilnahme. Von Elisabeth Ruge, 127 S., mit Abbildungen, kartoniert. **DM 6,80** (0464)

Behördenkorrespondenz. Musterbriefe — Anträge — Einsprüche. Von Elisabeth Ruge, 120 S., kartoniert. **DM 6,80** (0412)

Die erfolgreiche Bewerbung. Von W. Manekeller, 152 S., kartoniert. **DM 8,80** (0173)

Erfolgreiche Bewerbungsbriefe und Bewerbungsformen. Von W. Manekeller, 88 S., kartoniert. **DM 4,80** (0138)

Geschäftliche Briefe des Handwerkers und Kaufmanns. Von A. Römer, 96 S., kartoniert. **DM 5,80** (0041)

Der neue Briefsteller. Von I. Wolter-Rosendorf, 112 S., kartoniert. **DM 5,80** (0060)

Festreden und Vereinsreden. Von K. Lehnhoff und E. Ruge, 88 S., kartoniert. **DM 4,80** (0069)

Erfolgreiche Kaufmanns-Praxis. Wirtschaftliche Grundlagen, Geld, Kreditwesen, Steuern, Betriebsführung, Recht, EDV. Von Wolfgang Göhler, Herbert Gölz, Manfred Heibel, Dr. Detlev Machenheimer, mit einem Vorwort von Dr. Karl Obermayr, 544 S., gebunden mit Schutzumschlag. **DM 34,—** (4046)

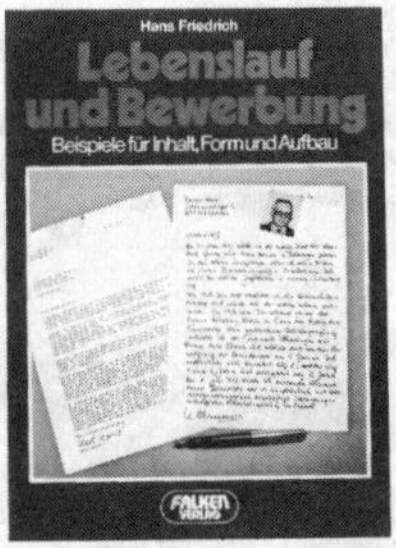

Moderne Korrespondenz. Von H. Kirst und W. Manekeller, 570 S., gebunden. **DM 39,—** (4014)

Lebenslauf und Bewerbung. Beispiele für Inhalt, Form und Aufbau. Von Hans Friedrich, 112 S., kartoniert. **DM 5,80** (0428)

In Anerkennung Ihrer . . . **Lob und Würdigung in Briefen und Reden.** Von Hans Friedrich, 136 S., kartoniert. **DM 7,80** (0535)

Musterbriefe für alle Gelegenheiten. Herausgegeben von Olaf Fuhrmann, 248 S., kartoniert. **DM 9,80** (0231)

Privatbriefe Muster für alle Gelegenheiten. Von Irmgard Wolter-Rosendorf, 132 S., kartoniert. **DM 6,80** (0114)

Großes Buch der Reden und Ansprachen für jeden Anlaß. Herausgegeben von F. Sicker, 468 S., Lexikonformat, Ganzleinen. **DM 39,—** (4009)

Die Redekunst · Rethorik · Rednererfolg. Von Kurt Wolter, überarbeitet von Dr. W. Tappe, 80 S., kartoniert. **DM 4,80** (0076)

Fortbildung und Beruf

Aufsätze besser schreiben. Förderkurs für die Klassen 4-10. Von Kurt Schreiner, 144 S., 4 Fotos und 27 Zeichnungen, kartoniert. **DM 9,80** (0429)

Diktate besser schreiben. Übungen zur Rechtschreibung für die Klassen 4 bis 8. Von Kurt Schreiner, 149 S., kartoniert. **DM 9,80** (0469)

Buchführung leicht gefaßt. Von R. Pohl, 104 S., kartoniert. **DM 7,80** (0127)

Maschinenschreiben durch Selbstunterricht. Band 1. Von A. Fonfara, 84 S., mit vielen Abbildungen, kartoniert. **DM 5,80** (0170)

Maschinenschreiben durch Selbstunterricht. Band 2. Von Hanns Kaus, 84 S., kartoniert. **DM 5,80** (0252)

Schülerlexikon der Mathematik. Formeln, Übungen und Begriffserklärungen für die Klassen 5-10. Von Robert Müller, 176 S., 96 Zeichnungen, kartoniert. **DM 9,80** (0430)

Mathematische Formeln für Schule und Beruf. Mit Beispielen und Erklärungen. Von Robert Müller, 156 S., 210 Zeichnungen, kartoniert. **DM 9,80** (0499)

Rechnen aufgefrischt. Von H. Rausch, 108 S., kartoniert. **DM 6,80** (0100)

Stenografie — leicht gemacht. Von Hanns Kaus, 64 S., kartoniert. **DM 5,80** (0266)

Aufgaben lösen und **Spiele mit dem Taschenrechner.** Von Peter Fleischhauer, Fernsehbegleitbuch, 120 S., 55 Abbildungen und Zeichnungen, kartoniert. **DM 9,80** (5060)

Wie behandle ich meinen Chef? Von Dr. Bernd Gasch und Ulrike Hess, 88 S., mit Karikaturen, kartoniert. **DM 9,80** (5030)

Glückwünsche

Großes Buch der Glückwünsche. Herausgegeben von Olaf Fuhrmann, 240 S., 64 Zeichnungen und viele Gestaltungsvorschläge, kartoniert. **DM 9,80** (0255)

Neue Glückwunschfibel für Groß und Klein. Von Reneé Christian-Hildebrandt, 96 S., kartoniert. **DM 4,80** (0156)

Glückwunschverse für Kinder. Von B. Ulrici, 80 S., kartoniert. **DM 4,80** (0277)

Glückwünsche, Toasts und Festreden zur Hochzeit. Von Irmgard Wolter, 88 S., kartoniert. **DM 4,80** (0264)

Hochzeitszeitungen. Mit vielen Text- und Gestaltungsanregungen. Von Hans-Jürgen Winkler, 104 S., 15 Abbildungen, 1 Musterzeitung, kartoniert. **DM 6,80** (0288)

Kindergedichte zur Grünen, Silbernen und Goldenen Hochzeit. Von Hans-Jürgen Winkler, 104 S., 20 Abbildungen, kartoniert. **DM 5,80** (0318)

Trinksprüche, Richtsprüche, Gästebuchverse. Von D. Kellermann, 80 S., kartoniert. **DM 4,80** (0224)

Verse fürs Poesiealbum. Von Irmgard Wolter, 96 S., 20 Abbildungen, kartoniert. **DM 4,80** (0241)

Rosen, Tulpen, Nelken . . . **Beliebte Verse fürs Poesiealbum.** Von Waltraud Pröve, 96 S. mit Faksimile-Abbildungen, kartoniert. **DM 5,80** (0431)

FALKEN VERLAG

* Neuerscheinung. Preise waren bei Druckbeginn noch nicht endgültig festgelegt.

Deutsch für Ausländer

Deutsch — Ihre neue Sprache. Grundbuch. Von H. J. Demetz und J. M. Puente, 204 S. mit über 200 Abbildungen, kartoniert. **DM 14,80** (0327)

Deutsch · Ihre neue Sprache. Lehrerheft. Von H. J. Demetz und J. M. Puente, 48 S., kartoniert. **DM 9,80** (0328)

Glossar **Englisch**. Von H.J. Demetz und J. M. Puente, 62 S., kartoniert. **DM 9,80** (0336)

Glossar **Türkisch**. Von H. J. Demetz und J. M. Puente, 62 S., kartoniert. **DM 9,80** (0332)

Glossar **Italienisch**. Von H. J. Demetz und J. M. Puente, 62 S., kartoniert. **DM 9,80** (0329)

Glossar **Portugiesisch**. Von H. J. Demetz und J. M. Puente, 62 S., kartoniert. **DM 9,80** (0334)

Glossar **Serbo-kroatisch.** Von H. J. Demetz und J. M. Puente, 62 S., kartoniert. **DM 9,80** (0331)

Glossar **Spanisch**. Von H. J. Demetz und J. M. Puente, 62 S., kartoniert. **DM 9,80** (0330)

Glossar **Griechisch.** Von H. J. Demetz und J. M. Puente, 62 S., kartoniert. **DM 9,80** (0333)

Deutsch für Ausländer im Selbstunterricht. Ausgabe für Türken. Von B. I. Rasch und Ernst Richter, 136 S., 62 Zeichnungen, kartoniert. **DM 9,80** (0262)

Deutsch für Ausländer im Selbstunterricht. Ausgabe für Spanier. Von Juan Manuel Puente und Ernst Richter 136 S., 62 Zeichnungen, kartoniert. **DM 9,80** (0253)

Deutsch für Ausländer im Selbstunterricht. Ausgabe für Jugoslawen. Von I. Hladek und Ernst Richter, 132 S., 62 Zeichnungen, kartoniert. **DM 9,80** (0261)

Deutsch für Ausländer im Selbstunterricht, Ausgabe für Italiener. Von Italo Nadalin und Ernst Richter, 156 S., 62 Zeichnungen, kartoniert. **DM 9,80** (0254)

Tonband 13 cm, 9,5 cm/sec., 91 Min., Doppelspur. **DM 89,—** (0338)

Das Deutschbuch. Ein Sprachprogramm für Ausländer, Erwachsene und Jugendliche. Herausgegeben von Juan Manuel Puente, Hans-Jürgen Demetz, Sener Sargut, Marianne Spohner.

Das Deutschbuch. **Grundbuch Erwachsene,** 292 S., durchgehend zweifarbig, kartoniert. **DM 24,80** (4901)

Das Deutschbuch. **Grundbuch Jugendliche,** 256 S., durchgehend zweifarbig, kartoniert. **DM 19,80** (4915)

Das Deutschbuch. **Aufbaukurs,** ca. 200 S., durchgehend zweifarbig, kartoniert. ca. **DM 24,80** (4902)

Das Deutschbuch. **Arbeitsheft,** 160 S., zweifarbig, kartoniert. **DM 16,80** (4903)

Lehrerhandbuch. **Grundbuch Erwachsene.** ca. 160 S., kartoniert. ca. **DM 14,80** (4904)

Lehrerhandbuch **Grundbuch Jugendliche.** ca. 160 S., kartoniert. ca. **DM 14,80** (4928)

Das Deutschbuch. **Grundbuch Erwachsene, Glossare**

Arabisch. Übersetzung: Mabrouk Dargaoui, 100 S., kartoniert. **DM 9,80** (4905)

Türkisch. Übersetzung: Sener Sargut, 100 S., kartoniert. **DM 9,80** (4906)

Griechisch. Übersetzung: Dr. Georg Tzounakis, 104 S., kartoniert. **DM 9,80** (4907)

Italienisch. Übersetzung: Silvana Bussmann, 100 S., kartoniert. **DM 9,80** (4908)

Spanisch. Übersetzung: Manuel Puente, 100 S., kartoniert. **DM 9,80** (4909)

Portugiesisch. Übersetzung: Gaby Neumann, 100 S., kartoniert. **DM 9,80** (4910)

Französisch. Übersetzung: Marie-Josée Carroux-Larpent, 104 S., kartoniert. **DM 9,80** (4911)

Englisch. Übersetzung: Geraldine Petley, 100 S., kartoniert. **DM 9,80** (4912)

Polnisch. Übersetzung: Ewa Ludwig, 104 S., kartoniert. **DM 9,80** (4913)

Serbokroatisch. Übersetzung: Milan Vucković, 100 S., kartoniert. **DM 9,80** (4914)

Das Deutschbuch. **Grundbuch Jugendliche, Glossare**

Türkisch. Übersetzung: Sener Sargut, 96 S., kartoniert. **DM 9,80** (4927)

Tonband Grundbuch Erwachsene ∅ 18 cm. ca. **DM 98,—** (4916)

Tonband Grundbuch Jugendliche ∅ 18 cm. ca. **DM 98,—** (4917)

Tonband Aufbaukurs ∅ 18 cm. ca. **DM 98,—** (4918)

Tonband Arbeitsheft ∅ 18 cm ca. **DM 98,—** (4919)

Kassette Grundbuch Erwachsene 60 min. ca. **DM 19,80** (4920)

Kassette Grundbuch Jugendliche 60 min. ca. **DM 19,80** (4921)

Kassette Aufbaukurs 60 min. ca. **DM 19,80** (4922)

Kassette Arbeitsheft 60 min. ca. **DM 19,80** (4923)

Overheadfolien Grundbuch Erwachsene 60 St. ca. **DM 159,—** (4924)

Overheadfolien Grundbuch Jugendliche 60 St. ca. **DM 159,—** (4925)

Diapositive Grundbuch Erwachsene ca. 300 St. ca. **DM 398,—** (4926)

Bildkarten ca. 200 St. ca. **DM 159,—** (4928)

Geselligkeit

Die schönsten Berg- und Hüttenlieder. Herausgegeben von Franz R. Miller, empfohlen vom Deutschen Sängerbund, 104 Seiten, viele Zeichnungen, kartoniert. **DM 5,80** (0514)

Disco-Tänze. Von Barbara und Felicitas Weber, 104 S., 104 Abbildungen, kartoniert. **DM 6,80** (0491)

So feiert man Feste fröhlicher. Von Dr. Allos, 96 S., 15 Abbildungen, kartoniert. **DM 5,80** (0098)

Der Gute Ton. Ein moderner Knigge. Von Irmgard Wolter, 168 S., 38 Zeichnungen, kartoniert. **DM 7,80** (0063)

Wir geben eine Party. Von Elisabeth Ruge, 88 S., 8 Farbtafeln, 23 Zeichnungen, kartoniert. **DM 6,80** (0192)

Partytänze · Partyspiele. Von Wally Kaechele, 94 S., mit 104 Fotos, herausgegeben von der »tanz-illustrierten«, Pappband. **DM 12,80** (5049)

Neue Spiele für Ihre Party. Von Gerda Blechner, mit vielen Zeichnungen von Fee Buttig, 120 S., kartoniert. **DM 7,80** (2022)

Wir lernen tanzen. Standard- und lateinamerikanische Tänze. Von Ernst Fern, 168 S., 118 s/w-Fotos, 47 Zeichnungen. **DM 9,80** (0200)

Tanzstunde. Die 11 Tänze des Welttanzprogramms. Von Gerd Hädrich, 120 S., 372 Fotos und Schrittskizzen, Pappband. **DM 15,—** (5018)

Tanzstunde 2. Figuren für Fortgeschrittene. Von Gerd Hädrich, 72 S., 233 Abbildungen, Pappband. **DM 10,—** (5027)

Lustige Tanzspiele und Scherztänze. Von E. Bäulke 80 S., 53 Abbildungen, kartoniert. **DM 4,80** (0165)

Tischkarten und Tischdekorationen. Von Gabriele Vocke, 64 S., 79 Abbildungen, durchgehend vierfarbig, Pappband. **DM 12,80** (5063)

* Neuerscheinung. Preise waren bei Druckbeginn noch nicht endgültig festgelegt.

Die schönsten Volkslieder. Von Dietmar Walther, 128 S., mit Notenbeispielen und Zeichnungen, kartoniert. **DM 4,80** (0432)

Die schönsten Wander- und Fahrtenlieder. Herausgegeben von Franz R. Miller, 80 S., mit Noten, kartoniert. **DM 4,80** (0462)

Denksport

Denksport und Schnickschnack für Tüftler und fixe Köpfe. Von Jürgen Barto, 100 S., 45 Abbildungen, kartoniert. **DM 6,80** (0362)

Knobeleien und Denksport. Von Klas Rechberger, 142 S., mit vielen Zeichnungen, kartoniert. **DM 7,80** (2019)

Quiz. Von R. Sautter und W. Pröve, 92 S., 9 Zeichnungen, kartoniert. **DM 5,80** (0129)

Rate mal. Scherzfragen, Ratespiele und -geschichten. Von Felicitas Buttig, 112 S., 19 Zeichnungen, kartoniert. **DM 9,80** (2023)

Großes Rätsel-ABC. Von H. Schiefelbein, 416 S., gebunden. **DM 16,80** (0246)

Der große Rätselknacker. Über 100000 Rätselfragen, zusammengestellt von H. J. Winkler, 544 S., Lexikonformat, kartoniert. **DM 19,80** (4022)

Rätsel lösen — ein Vergnügen. Von E. Maier, 240 S., kartoniert. **DM 9,80** (0182)

Scherzfragen, Drudel und Blödeleien gesammelt von Kindern. Herausgegeben von Waltraud Pröve, 112 S., 57 Zeichnungen, kartoniert. **DM 5,80** (0506)

Humor

Die besten Ärztewitze. Zusammengestellt von Britta Zorn, 272 S., mit 42 Karikaturen von Ulrich Fleischhauer, mit vierfarbigem Schutzumschlag, gebunden. **DM 14,80** (0399)

Wilhelm-Busch-Album. Jubiläumsausgabe mit 1700 farbigen Bildern. 408 S., 1700 durchgehend farbige Bilder, Großformat, in Leinen gebunden. **DM 36,—** (3028)

Humoristischer Hausschatz. Von Wilhelm Busch, 368 S., 1600 Abbildungen, Großformat, gebunden. **DM 19,80** (3062)

Kritik des Herzens. - Gedichte. Von Wilhelm Busch, 100 S., gebunden. **DM 9,80** (3032)

Dalli-Dalli-Sketche aus dem heiteren Ratespiel von und mit Hans Rosenthal. Von Horst Pillau, 144 S., 18 Zeichnungen, kartoniert. **DM 9,80** (0527)

Damen in der Bütt. Scherze, Büttenreden, Sketche. Von Traudi Müller, 136 S., kartoniert. **DM 6,80** (0354)

Fidelitas und Trallala. Von Dr. Allos, 104 S., viele Abbildungen, kartoniert. **DM 7,80** (0120)

Horror zum Totlachen. **Gruselwitze.** Von Franz Lautenschläger, 96 S., 44 Zeichnungen, kartoniert. **DM 5,80** (0536)

Humor für jedes Ohr. Von H. Ehnle, 96 S., kartoniert. **DM 6,80** (0157)

Humor und Stimmung. Ein heiteres Vortragsbuch. Von Günter Wagner, 112 S., kartoniert. **DM 6,80** (0460)

Rings um den Karneval. Karnevalsscherze und Büttenreden. Von Dr. Allos, 136 S., kartoniert. **DM 6,80** (0130)

Helau + Alaaf. Närrisches aus der Bütt. Von Erich Müller, 112 S., kartoniert. **DM 6,80** (0304)

Helau + Alaaf 2. Neue Büttenreden. Von Edmund Luft, 104 S., kartoniert. **DM 7,80** (0477)

Lach mit! Witze für Kinder, gesammelt von Kindern. Herausgegeben von Waltraud Pröve, 128 S., mit Abbildungen, kartoniert. **DM 5,80** (0468)

Die große Lachparade. Von E. Müller, 108 S., kartoniert. **DM 6,80** (0188)

Lachen, Witz und gute Laune. Von E. Müller, 104 S., 44 Abbildungen, kartoniert. **DM 6,80** (0149)

Robert Lembkes Witzauslese. Erzählt von Robert Lembke, 160 S., mit 10 Zeichnungen von E. Köhler, gebunden, mit vierfarbigem Schutzumschlag. **DM 14,80** (0325)

Fred Metzlers Witze mit Pfiff. 120 S., Taschenbuchformat, kartoniert. **DM 5,80** (0368)

O frivol ist mir am Abend. Pikante Witze von Fred Metzler. Von Fred Metzler, 128 S. mit Karikaturen (Taschenbuchformat) kartoniert. **DM 5,80** (0388)

Narren in der Bütt. Zusammengestellt von Th. Lücker, 112 S., kartoniert. **DM 6,80** (0216)

Non Stop Nonsens. Sketche und Witze mit Spielanleitungen. Von Dieter Hallervorden, 160 S., gebunden, mit Schutzumschlag. **DM 14,80** (0511)

Olympische Witze. Sportlerwitze in Wort und Bild. Von Wolfgang Willnat, 112 S., 126 Zeichnungen, kartoniert. **DM 5,80** (0505)

Die besten Ostfriesenwitze. Herausgegeben von Onno Freese, 112 S., 17 Zeichnungen, kartoniert. **DM 5,80** (0495)

Sketche. Von Margarete Gering, 132 S., 16 Abbildungen, kartoniert. **DM 6,80** (0247)

Vergnügliche Sketche. Von Horst Pillau, 96 S., mit lustigen Zeichnungen, kartoniert. **DM 6,80** (0476)

Sketche und spielbare Witze für bunte Abende und andere Feste. Von Hartmut Friedrich, 120 S., 7 Zeichnungen, kartoniert. **DM 6,80** (0445)

FALKEN VERLAG

* Neuerscheinung. Preise waren bei Druckbeginn noch nicht endgültig festgelegt.

Die besten Tierwitze. Herausgegeben von Peter Hartlaub und Silvia Pappe, 112 S., 25 Zeichnungen, kartoniert. **DM 5,80** (0496)

Tolle Sachen zum Schmunzeln und Lachen. Von E. Müller, 92 S., kartoniert. **DM 6,80** (0163)

Heitere Vorträge. Von Erich Müller, 128 S., 14 Zeichnungen, kartoniert. **DM 9,80** (0528)

Lustige Vorträge für fröhliche Feiern, Sketche, Vorträge und Conferencen für Karneval und fröhliche Feste. Von K. Lehnhoff, 96 S., kartoniert. **DM 6,80** (0284)

Vergnügliches Vortragsbuch. Von J. Plaut, dem Altmeister des Humors, 192 S., kartoniert. **DM 7,80** (0091)

Das große Buch der Witze. 320 S., 36 Zeichnungen von E. Holz, vierfarbiger Schutzumschlag, gebunden. **DM 12,80** (0384)

Die besten Witze und Cartoons des Jahres 1. Herausgegeben von Karl Hartmann, 288 S., 125 Zeichnungen, gebunden, mit Schutzumschlag. **DM 12,80** (0454)

Die besten Witze und Cartoons des Jahres 2. Von Karl Hartmann, 288 S., mit zahlr. Zeichnungen, gebunden, mit vierfarb. Schutzumschlag. **DM 12,80** (0488)

Die besten Witze und Cartoons des Jahres 3. Von Karl Hartmann, 288 S., mit 105 Zeichnungen, Pappband. **DM 9,80** (0524)

Witzig, witzig. Von Erich Müller, 112 S., Zeichnungen, kartoniert. **DM 5,80** (0507)

Witze am laufenden Band. Von Fips Asmussen, 117 S., kartoniert. **DM 5,80** (0461)

Spielen

Backgammon für Anfänger und Könner. Von G. W. Fink und G. Fuchs, 116 S., 41 Zeichnungen, kartoniert. **DM 9,80** (2008)

Spieltechnik im Bridge. Von Victor Mollo/Nico Gardener, deutsche Adaption von Dirk Schröder, 216 S., kartoniert. **DM 16,80** (2004)

Spielend Bridge lernen. Von Josef Weiss, 108 S., kartoniert. **DM 7,80** (2012)

Besser Bridge spielen. Reiztechnik, Spielverlauf und Gegenspiel. Von Josef Weiss, 143 S., mit vielen Diagrammen, kartoniert. **DM 14,80** (2026)

Dame. Das Brettspiel in allen Variationen. Von Claus D. Grupp, 104 S., mit Diagrammen, kartoniert. **DM 9,80** (2028)

Gesellschaftsspiele für drinnen und draußen. Von Heinz Görz, 128 S., kartoniert. **DM 6,80** (2006)

Glücksspiele mit Kugeln, Würfeln und Karten. Von Claus D. Grupp, 116 S., kartoniert. **DM 9,80** (2013)

Das japanische Brettspiel GO. Von Winfried Dörholt, 104 S., 182 Diagramme, kartoniert. **DM 9,80** (2020)

Kartenspiele. Von Claus D. Grupp, 144 S., kartoniert. **DM 7,80** (2001)

Neues Buch der Kartenspiele. Von K. Lichtwitz, 96 S., kartoniert. **DM 6,80** (0095)

Kartentricks. Von T. A. Rosee, 80 S., 13 Zeichnungen, kartoniert. **DM 5,80** (2010)

Neue Kartentricks. Von Klaus Pankow, 104 S., mit 20 Abbildungen, kartoniert. **DM 7,80** (2027)

Mini-Spiele für unterwegs und überall. Von Irmgard Wolter, 152 S., kartoniert. **DM 9,80** (2016)

Patiencen in Wort und Bild. Von Irmgard Wolter, 136 S., kartoniert. **DM 7,80** (2003)

Alles über Pokern. Regeln und Tricks. Von Claus D. Grupp, 120 S., 29 Kartenbilder, kartoniert. **DM 6,80** (2024)

Rommé und Canasta in allen Variationen. Von Claus D. Grupp, 124 S., 24 Zeichnungen, kartoniert. **DM 7,80** (2025)

Roulette richtig gespielt. Von M. Jung, 96 S., zahlreiche Tabellen, kartoniert. **DM 6,80** (0121)

Falken-Handbuch Schach. Das Handbuch für Anfänger und Könner. Von Theo Schuster, 360 S., mit über 340 Diagrammen, gebunden, mit Schutzumschlag. **DM 26,—** (4051)

Das Schachspiel. Von W. Wollenschläger, 72 S., 65 Diagramme, kartoniert. **DM 5,80** (0104)

Spielend Schach lernen. Von Theo Schuster, 128 S., kartoniert. **DM 6,80** (2002)

FALKEN VERLAG

* Neuerscheinung. Preise waren bei Druckbeginn noch nicht endgültig festgelegt.

Neue Schacheröffnungen. Von Theodor Schuster, 108 S., mit 100 Diagrammen, kartoniert. **DM 8,80** (0478)

Schach für Fortgeschrittene. Taktik und Probleme des Schachspiels. Von R. Teschner, 96 S., 85 Schachdiagramme, kartoniert. **DM 5,80** (0219)

Schach dem Weltmeister Karpow. Von Theodor Schuster, 136 S., 19 Abbildungen und 83 Diagramme, kartoniert. **DM 12,80** (0433)

Schafkopf, Doppelkopf, Binokel, Cego, Gaigel, Jaß, Tarock und andere. Von Claus D. Grupp, 152 S., kartoniert. **DM 9,80** (2015)

Alles über Skat. Von Günter Kirschbach, 144 S., kartoniert. **DM 8,80** (2005)

Das Skatspiel. Von K. Lehnhoff, bearbeitet von Alt-Skatmeister P. A. Höfges, 96 S., kartoniert. **DM 5,80** (0206)

Falken-Handbuch Spielen. Hunderte Spiele für einen und viele. Von Heinz Görz, 430 S., mit 370 farb. Zeichng., gbd. **DM 36,—** (4034)

Spiele für Theke und Stammtisch. Von Claus D. Grupp, 104 S., 27 Zeichnungen, kartoniert. **DM 6,80** (2021)

Spielen mit Rudi Carell. 113 Spiele für Party und Familie. Von Rudi Carell, 160 S. mit 50 Abbildungen, gebunden. **DM 14,80** (2014)

Würfelspiele. Von Friedrich Pruss, 112 S., kartoniert. **DM 7,80** (2007)

Falken-Handbuch Zaubern. Über 400 verblüffende Tricks. Von Friedrich Stutz, 368 S., über 1200 Zeichnungen, gebunden, mit vierfarbigem Schutzumschlag. **DM 29,80** (4063)

Zaubern einfach — aber verblüffend. Von Dieter Bouch, 84 S. mit Zeichnungen, kartoniert. **DM 5,80** (2018)

Zaubertricks. Das große Buch der Magie. Von Jochen Zmeck, 244 S., 113 Abbildungen, kartoniert. **DM 14,80** (0282)

Kinderbeschäftigung

Kinderfeste daheim und in Gruppen. Von Gerda Blecher, 240 S., 320 Abbildungen, Balacroneinband, gebunden. **DM 24,80** (4033)

Kindergeburtstag. Einladung — Vorbereitung — Ablauf. Mit vielen Spiel- und Beschäftigungsvorschlägen. Von Dr. Ilse Obrig, 104 S., 40 Abbildungen, 11 Zeichnungen, 9 Lieder mit Noten, kartoniert. **DM 5,80** (0287)

Kartenspiele für Kinder. Von Claus D. Grupp, 136 S., 24 Abbildungen, kartoniert. **DM 6,80** (0533)

Kinder lernen spielend kochen. Von Margrit Gutta, 64 S., 45 Farbfotos, Pappband. **DM 9,80** (5096)

Kinder lernen spielend backen. Von Margrit Gutta, 64 S., 50 Farbfotos, Pappband. **DM 9,80** (5110)

Das farbige Kinderlexikon von A-Z. Herausgegeben von Felicitas Buttig, 392 S., 386 farbige Abbildungen, Pappband. **DM 29,80** (4059)

Lirum, Larum, Löffelstiel. Ein Kinder-Kochkurs. Von Ingeborg Becker, 64 S. mit Abbildungen, durchgehend vierfarbig, Spiralheftung **DM 9,80** (5007)

Das bunte Rätselbuch für Kinder. Von Felicitas Buttig, 120 S., durchgehend vierfarb., mit über 100 Zeichnungen, Pappband. **DM 19,80** (4065)

Kinderspiele, die Spaß machen. Von Helen Müller-Stein, 112 S., 28 Abbildungen, kartoniert. **DM 6,80** (2009)

Spiele für Kleinkinder. Von Dieter Kellermann, 80 S., kartoniert. **DM 5,80** (2011)

Tipps und Tapps. Maschinenschreib-Fibel für Kinder. Von H. Kaus, 48 S., farbige Abbildungen, kartoniert. **DM 5,80** (0274)

Rat und Wissen für die ganze Familie

Advent und Weihnachten. Basteln — Backen — Schmücken — Feiern. Von Margrit Gutta, Hanne Hangleiter, Felicitas Buttig, Ingeborg Rathmann, Gabriele Vocke, 152 S., 15 Farbtafeln, zahlreiche Abb. und Zeichnungen, kartoniert. **DM 12,80** (4067)

Alterssicherung. Vorsorge nach Maß. Renten-Versicherungen — Geld und Wertanlagen. Von Johannes Beuthner, 224 S., kartoniert. **DM 16,80** (0532)

Falken-Handbuch Astrologie. Charakterkunde · Schicksal, Liebe und Beruf · Berechnung und Deutung von Horoskopen · Aszendenttabelle. Von B. A. Mertz, mit einem Geleitwort von Hildegard Knef, 342 S., mit erläuternden Grafiken, gebunden, mit vierfarb. Schutzumschlag. **DM 29,80** (4068)

Das Babybuch. Pflege · Ernährung · Entwicklung. Von Annelore Burkert, 136 S., 8 Farbtafeln, zahlreiche Fotos, kartoniert. **DM 12,80** (0531)

Die neue Lebenshilfe **Biorhythmik.** Höhen und Tiefen der persönlichen Lebenskurven vorausberechnen und danach handeln. Von Walter A. Appel, 157 S., 63 Zeichnungen, Pappband. **DM 9,80** (0458)

Die 12 Tierzeichen im chinesischen Horoskop. Von Georg Haddenbach, 112 S., Pappband. **DM 9,80** (0423)

Erbrecht und Testament. Mit Erbschaftssteuergesetz 1974. Von Dr. jur. H. Wandrey, 112 S., kartoniert. **DM 6,80** (0046)

Wenn Sie ein Kind bekommen. Von Ursula Klamroth, 240 S., 86 Fotos und 30 Zeichnungen, gebunden, mit vierfarbigem Schutzumschlag. **DM 19,80** (4003)

FALKEN VERLAG

* Neuerscheinung. Preise waren bei Druckbeginn noch nicht endgültig festgelegt.

Vorbereitung auf die Geburt. Schwangerschaftsgymnastik, Atmung, Rückbildungsgymnastik. Von Sabine Buchholz, 112 S., 98 Fotos, kartoniert. **DM 6,80** (0251)

Wie soll es heißen? Von D. Köhr, 88 S., kartoniert. **DM 5,80** (0211)

Haus oder Eigentumswohnung. Planung — Finanzierung — Bauablauf. Von Rainer Wolff, 352 S., viele Abbildungen und Skizzen, gebunden, mit Schutzumschlag. **DM 36,—** (4070)

Das Super-Horoskop. Der neue Weg zur Deutung von Charakter, Liebe und Schicksal nach chinesischer und abendländischer Astrologie. Ein Leitfaden für alle, die mehr über sich und ihre Mitmenschen wissen wollen. Von Georg Haddenbach, 175 S., kartoniert. **DM 9,80** (0465)

Mietrecht. Leitfaden für den Mieter und Vermieter. Von Johannes Beuthner, 196 S., kartoniert. **DM 12,80** (0479)

Mitmenschen-Kompass. Der richtige Weg, sich und andere zu verstehen. Von Heidelore Kluge, 160 S., gebunden, mit Schutzumschlag. **DM 16,80** (4078)

Der Rechtsberater im Haus. Von Karl-Heinz Hofmeister, 528 S., gebunden, mit farbigem Schutzumschlag. **DM 39,—** (4048)

Scheidung und Unterhalt nach dem neuen Eherecht. Von Rechtsanwalt H. T. Drewes, 104 S. mit Kosten- und Unterhaltstabellen, kartoniert. **DM 7,80** (0403)

Sexualberatung. Von Dr. Marianne Röhl, 168 S., 8 Farbtafeln und 17 Zeichnungen, Pappband. **DM 19,80** (0402)

Die 12 Sternzeichen. Charakter, Liebe und Schicksal. Von Georg Haddenbach, 160 S., Pappband. **DM 9,80** (0385)

Straßenverkehrsrecht. Beispiele - Urteile - Erläuterungen. Von Johannes Beuthner, 192 S., kartoniert. **DM 12,80** (0498)

So deutet man Träume. Die Bildersprache des Unbewußten. Von Georg Haddenbach, 160 S., Pappband. **DM 9,80** (0444)

Umgangsformen heute. Die Empfehlungen des Fachausschusses für Umgangsformen. 312 S., 167 Fotos und 44 Abbildungen, gebunden mit vierfarbigem Schutzumschlag. **DM 24,—** (4015)

Von der Verlobung zur Goldenen Hochzeit. Vorbereitung - Festgestaltung - Glückwünsche. Von Elisabeth Ruge, 120 S., kartoniert. **DM 6,80** (0393)

Selbst Wahrsagen mit Karten. Die Zukunft in Liebe, Beruf und Finanzen. Von Rhea Koch, 112 S. mit vielen Abbildungen, Pappband. **DM 9,80** (0404)

Wahrsagen mit Tarot-Karten. Von Edwin J. Nigg. 112 S., mit Farbtafeln und Karten, Pappband. **DM 14,80** (0482)

* Neuerscheinung. Preise waren bei Druckbeginn noch nicht endgültig festgelegt.

Falls durch besondere Umstände Preisänderungen notwendig werden, erfolgt Auftragserledigung zu dem bei der Lieferung gültigen Preis.

Bestellschein FALKEN VERLAG

Erfüllungsort und Gerichtsstand für Vollkaufleute ist der jeweilige Sitz der Lieferfirma. Für alle übrigen Kunden gilt dieser Gerichtsstand für das Mahnverfahren.

Ich bestelle hiermit aus dem Falken Verlag GmbH, Postfach 1120, D-6272 Niedernhausen/Ts., durch die Buchhandlung:

Ex.

Ex.

Ex.

Ex.

Name:

Straße: Ort:

Datum: Unterschrift: